定年が見えてきた女性たちへ

自由に生きる「リ・スタート力」のヒント

野村浩子

WAVE出版

はじめに

男女雇用機会均等法が施行されてから四半世紀が過ぎた。施行後まもない１９８０年代後半から90年前後にかけて入社した「均等法世代」が40代後半を迎えている。昇進コースに乗った人、粘り強く現場仕事や専門職で働き続ける人。みな立場は違うものの、会社員として最終コーナーを迎えようとしている。そんな彼女たちは、いま少々とまどっている。この先、定年までどんな会社生活が待ち受けているのだろう――。

なにしろ、会社のなかで働き続ける女性としては、自分たちがパイオニア。社内を見渡しても、定年を迎えた女性はまったくみあたらないか、数えるほどしかいない。定年まで勤めあげる女性のロールモデルがみつからないのだ。

私自身、職場で女性の先輩が定年を迎えるにあたり送別会をした経験は、これまで一度しかない。事務や経理の職でコツコツと地道に仕事をしてきた先輩だった。送別会には、すでに定年退職した先輩から後輩まで多くの仲間が集まり、温かな会となった。「そうか、定年まで勤める女性もいるんだなあ。60歳までの道のりには、いろんなことがあったのだろう」と思いを巡らせたものだ。しかし、身近に同じ職種で定年まで勤めあげた女性の先輩はほとんどみあたらない。私と同様、多くの女性たちもまた先輩の背中がみえないと思っているのではないか。

そこで、会社員として最終コーナーまで走り切った先輩の女性たちに話を聞いてみることにした。

定年が視野に入ってきたのはいつからですか？
退職を前にやっておいてよかったと思うことは何ですか？
聞きたいことはたくさんある。40年におよぶ仕事の道のりに加えて、私生活や結婚・恋愛、お金の話まで――。

私が本書を書こうと思ったもうひとつの理由は、自分自身の迷いからでもある。50歳を迎えたころから定年が視野に入るようになったものの、視界は曇ったまま。この先、60歳の定年までいかに会社員人生を送ればいいのだろうか。そうこうしているうちに、「改正高年齢者雇用安定法」の施行により、65歳までの雇用延長が始まった。あと10年どころか15年もある。真剣に態勢を立て直さないと、このままではぶら下がり社員になってしまう。危機感がつのった。

定年を迎えた先輩方は、率直に道のりを語ってくれた。ほろ苦い思いをしたこと。いまでも思い出すと涙がこみ上げること。そしてワクワクしながら仕事をしたこと。会社員生活の最終コーナーは、当たり前のことながらさまざまだった。少しのんびりコースに移った人、最後まで大プロジェクトで走り切った人……。むろん同じ道をたどることはできないが、どの道のりも示唆に富んでいる。

あと10年、15年、ミドルにさしかかった女性たちが定年までいかに過ごすか。定年後の生活に向けてどんな準備をすればいいのか。定年を迎えた後、自分らしく自由に生きるために「リ・スタート力」をいかに磨けばいいのか。

これからを生きるヒントをみつけてもらえれば幸いに思う。

DTP　NOAH
校正　小倉優子
装丁　加藤愛子（オフィスキントン）

プロローグ

定年を迎えた女性はどのくらいいるの？

定年が視野に入ってくるのは、何歳くらいからだろう。40代後半で「早期退職」という文字がちらつき始めたり、50歳を迎えて老後資金を試算してみたり、55歳になり「あと5年か」としみじみ思ったり——。

「とくにきっかけはないけど、50歳くらいかな」

定年を迎えた女性たちに聞いたところ、もっとも多かった答えだ。職場環境やその人の置かれている仕事ステージ、経済事情によっても「会社卒業」のとらえ方はちがう。

では、民間企業で定年まで勤めあげた女性はどのくらいいるのだろう。そもそも女性が定年まで勤めることができる環境だったのか、少しさかのぼってみていこう。

「男子55歳、女子30歳定年」は、婚期に配慮したものだった⁉

「(結婚していない女性は)25歳になったら尼寺に行け、と言われていた」

「25歳で辞めろという不文律があった」

「女性は30歳定年だったから」

定年まで勤めた60代の先輩方に話を聞くと、こんな驚くような話がつぎつぎ飛び出す。

大手電機メーカーに勤める40代女性の職場では、結婚で辞める女性を華やかに送り出す慣習がつい最近まであったという。

結婚を理由に退職する女性が、花束を手に満面の笑みで階段から降りてくる。玄関では同僚らが待ちかまえて拍手で送る。退職する女性は、まるで映画のワンシーンを彩る女優のようだ。では、結婚以外の理由で退職する女性の場合はどうか。花束も拍手もなく、ひとりひっそりと会社を後にしたという。

結婚したら退職する——慣例ではなく、日本の一部大手企業ではこれが制度化されていた。「女子結婚退職制度」なるものだ。

これが公序良俗（民法第90条）違反という初めての判決が出たのは、1966年の「住友セメント事件」だ。結婚を理由に解雇された女性社員が会社を訴えた。会社側は、こんな主張をしている。

「女子職員には、補助的事務……（中略）……のみを担当させているが、結婚後は家庭本位となり、欠勤がふえ、労働能率が低下するので、結婚退職制をとったことは使用者の正当な措置である」

こうした会社側の主張が「公序良俗に反する」から違法とされたわけだ。ところで「公序良俗」とは、何だろう。職場における女性差別の裁判などを手がける宮地光子弁護士によると「公序良俗とは、社会通念のこと。裁判官が時代とともに変化する社会通念に照らしあわせて、これに反するか否かの判断を下す」という。

続いて「社会通念」が問われたのは、「女性若年定年制」だ。定年を男性55歳、女性30歳など極端に差をつけて、女性を30歳前後で退職させるものだ。１９６９年の「東急機関工業事件」では、「男子55歳、女子30歳」とする定年格差が、公序良俗違反とされた。

なぜ女性だけ30歳という若さで定年退職させる必要があったのか。労働政策研究・研修機構の統括研究員の濱口桂一郎氏が著した『日本の雇用と労働法』（日本経済新聞出版社、２０１１年）によると、女性若年定年制は１９３０年代に始まったという。第一次世界大戦後に「職業婦人」が増えるものの、結婚までの短期就労に変わりはない。そこで『婚期を逸することのないよう』わざわざ女性の定年を25歳や30歳に引き下げる企業が続出しました」と説く。

女性が婚期を逃さないようにと配慮された「女性若年定年制」が長らく続いたのは、企業の経済合理性に合致したからだ。補佐的業務を行う30代、40代の女性社員も年功型賃金のもとでは給料があがってしまう。企業の本音としては、女性社員にそこまでの高い賃金は払いたくないといったところだろう。

女性30歳定年は違法という判決が出たものの、その後も男女の定年に5歳から10歳の差をつける企業は少なくなかった。

「50すぎたって女の能力おちないヮ」

「いやァ男との差がつくよ」

1970年代はじめに、朝日新聞に掲載された「サザエさん」では、男女の定年差をめぐる「男女能力差裁判」の新聞報道を受けて、波平とフネがこんな会話をかわす。波平とマスオさんは同意見、対するフネとサザエさんは「男のへんけんだヮ!!」と怒って、その日の夕食作りをボイコットする(『サザエさん』、朝日新聞社、1994年)。70年代前半のサザエさん一家における男性陣と女性陣の対立は、当時の世相を映したものだろう。

ちょうどそのころ、「男性55歳、女性50歳」「男性57歳、女性47歳」など男女で定年に5歳から10歳差をつけることの是非を問う裁判が行われていたのだ。会社側の主張としては、「女性は男性よりも老化が早い」「企業への貢献度が低い高年齢女性が、年功型賃金のもと男性同様に高い賃金を得るのはおかしい」といったものだ。なかには50代後半の女性の生理的機能は、70歳以上の男性にほぼ等しいと主張する会社もあったから驚いてしまう。

こうした男女の定年格差の問題に決着がついたのは、1981年の「日産自動車事件」である。「男子60歳、女子55歳定年」(1972年度まで男性55歳、女性50歳)が最高裁で無効とされたのだ。

日産自動車はいまでは、女性社員の活躍推進(ダイバーシティ推進)に積極的なことで知られるが、当時は男女の待遇差が制度面でも明らかだったということだ。1981年といえば、現在は同社でダイバーシティ推進の旗振り役でもある副会長の志賀俊之氏が20代の若手社員だったころのこと。当時新入社員だった男性は、こう振り返る。

「新卒で入社後、3年間地方勤務をして東京本社に戻ってきたら、50人近くいた大卒同期の女子社員は数名しか残っていませんでした。新卒で入った女子社員が3年でほとんど結婚で『片づいて』しまう年次は、女子社員の『当たり年』と呼ばれていました。実はその時、僕のひとつ上の年次の大卒女子は半分以上が会社に残っていて、そういう年次は『はずれ年』だったわけです」

20代前半で結婚退職する女性が多い年次が「当たり」という言葉からは、結婚イコール女の幸せという意識が透けて見える。

日産自動車の１９８１年の判例を境に、男女の定年格差は姿を消していく。そして１９８６年に施行された男女雇用機会均等法（以下、雇均法）には、これらの判例の積み重ねを受けて、「定年・退職・解雇」における女性差別の禁止が盛り込まれることになる。

歴史をひもといてみると、定年まで勤めあげた女性たちは、厳しい環境のなかで生き抜いてきたことがわかる。「まだ結婚しないの？」「まだ会社にいるの？」といった視線を浴びながら、職場にふみとどまったのだ。「女性も50歳前後から定年が視野に入ってくる」などとさらりといえるようになったのも、先輩たちが道を切り拓いてくれたおかげである。

定年までのロードマップが描けない？

定年を迎える女性は、１９８６年に雇均法が施行されてから四半世紀という長いスパンで見ると増えている。企業で定年を迎える女性は、85年には約４万人だったが、その10年後には８万人弱とほぼ倍増、その後は10万人弱で推移し２０１２年は約10万人となった

（厚生労働省「雇用動向調査」による）。

80年代後半からの10年でほぼ倍増した背景には、男女で定年に差をつける「定年格差」が81年に違法とされ、さらには雇均法の施行で「定年・退職・解雇」の男女差別が禁止されたことがじわじわと効いてきたこともあるだろう。

とはいえ、企業で定年まで勤めあげる女性は、まだまだほんのひと握りにすぎない。多くの男性にとって、定年まで働くのは当たり前だろう。しかし女性社員は結婚したら「寿退社をするもの」という時代が長らく続いていた。

「結婚退社」が過去のものとなったあとも、約7割の女性が出産を機に会社を去っていった。２０１０年の調査でも出産1年前に常勤の社員だった女性で、出産半年後に仕事を辞めている人の割合は5割を超える（厚生労働省「21世紀出生児縦断調査」）。雇均法が施行されてから30年近く経ったいまも、女性が「定年まで勤めあげる」イメージをもつのは簡単なことではない。

いまだに女性が、定年までのロードマップを描けないのはなぜか。この四半世紀に起きた職場の変化を見てみよう。

「２０２０３０」（ニマルニマルサンマル）という言葉を耳にしたことがあるかもしれな

い。２０２０年までに、指導的地位に占める女性の割合を30パーセントにまで高めるという政府目標だ。２０１３年時点で、企業で課長以上の役職に就く女性管理職比率は約１割だから、どうも目標の到達はむずかしそうだ。しかし、２０１３年4月に安倍晋三首相が、女性活躍推進は成長戦略の重要課題であるとスピーチしたことで、変化が加速する兆しもある。女性も男性と同じ働き方をする、いわゆる総合職コースを選べば、昇進昇格も望めるようになってきた。

その一方で、「転勤あり、残業あり」の男性型働き方はイヤだという多くの女性にとっては、仕事と家庭の両立がしやすい一般職のほうが人気がある。就活中の多くの女子大生にとっては、転勤なしである程度のやりがいも期待できる、さらに福利厚生が整っていてワークライフバランスにも心配のない大手銀行の「地域限定総合職」が憧れの就職先のひとつだという。

もうひとつ、見逃せない流れが、非正規雇用の増加だ。２０００年前後から正社員・正職員以外で働く人が急増し、ついに２００３年には働く女性のなかで非正規雇用として働く人が5割を超えた。総合職としてチャンスが広がる女性が増える一方で、不安定な立場で働く女性が急増。二極化が進み「女女格差」という言葉も聞かれるようになった。

こうした変化の最前線を歩んできた世代が、雇均法が施行されてまもなくの80年代後半から90年ごろまでに入社した、いわゆる「均等法世代」と呼ばれる人たちだ。それまで男性限定であった仕事を任されるようになった女性社員は、「雇均法一期生・二期生」と呼ばれてきた。企業で生き残っているとしたら、彼女たちは40代半ばを過ぎたミドル社員となっていて、そろそろ定年が視野に入り始めるころだ。「働く女性の時代」の先駆けとなった世代が、いま定年を意識し始める歳を迎えている。

男性並みに昇進・昇格した女性たちは定年をどう迎えるのか。一般職として働いた女性たちにとって、定年とはどのようなものか。そして非正規のまま60歳を迎える女性たちはどんな備えが必要なのか。パイオニア世代の彼女たちに、定年までのロードマップを示す先輩の姿は見えない。そこで本書では定年を迎えた先輩たちの道のりをたどることで、「定年前後」の女性の働き方、生き方を考えてみたい。

第1章

定年が視野に入ってくるとき

女の50代は定年まで「胸突き八丁」

50歳をすぎたあたりから定年まで、女の50代は「胸突き八丁」である。定年を迎えた女性たちに話を聞くうちに、気力も体力も充実したなかでの山登りを終えて、ギアチェンジをしながら今度は下っていくむずかしさを痛感した。人によってもちろん違うが、下りの道にはいくつもの「関門」が待ちかまえている。

男性の賃金ピークは50代前半だが、女性の賃金ピークは40代前半（厚生労働省2012年「賃金構造基本統計調査」）——、このデータも「関門」のひとつを物語っている。給与は仕事で負う責任の重さにほぼ比例するから、女性の賃金ピークが男性よりも10年早く40代前半で頭打ちになるということは、企業は40代半ばを過ぎた女性社員には、より大きな責任を負わせないともいえる。もっと細かくいうなら、40代前半で賃金頭打ちというのは正規・非正規の女性合わせての平均であり、正規雇用の女性の賃金ピークは40代後半だが、非正規で働く女性の賃金ピークは30代前半なのである（といっても、非正規の場合は生涯を通してほぼ横ばいだ）。

つまり、40代で昇格も昇給も頭打ちとなってから、残りの20年近くの間、いかにモチベーションを保ちながら働き続けるかが課題となる。

企業によって、「頭打ち感」が何歳で訪れるかは違ってくる。ある一般職女性は50代前半まで走り続けたものの、そのあとに急にやりがいを見失ってしまったという。「定年まで、あと5年、あと2年」がきつかったと振り返る。まもなく定年を迎えるという一般職社員に重要な仕事は任せられないと、目の前からどんどん仕事が消えていき、ついにはやることがなくなったという。

「定年を迎えたときは、ほっとしました」と静かに振り返る。

無事定年まで勤めあげることができた女性の大半は、これまでは一般事務職や販売職、サービス業など現場プレイヤーだった人たちだ。管理職として定年を迎える人はごく少数派で、1987年、1992年の総務省「就業構造基本調査」には「管理的職業」に就く女性で「定年など」（定年や雇用契約終了など）で前職を辞めた人は「ゼロ」と記載されている。実際には何人かいたかもしれないが、統計上は限りなくゼロに近かった。ところが、１９９７年の同調査では、同じ項目に「２０００人」という数字が現れる。ようやく管理職として定年を迎える女性が出てきたということだ。

ここで男性と同じコースを歩み始めた女性たちが、定年をどう迎えるかという問題が出てくる。上り続けるうちはいいのだが、昇進コースからはずれて専門職や現場プレイヤーに戻るときがむずかしい。

管理職だったある女性は、肩書きがはずれて現場プレイヤーに戻るとき、「気持ちを収めることがむずかしかった」という。当然ながら、組織の意思決定にはかかわれない。しかし、いいたいことはたくさんある。

「でも元部下たちは、私の意見など求めていないのです」

定年までの「関門」は職場だけではない。ある女性は「50代は六重苦だったわね」と苦笑いをする。

「えっ六重苦？」と、思わず聞き返した。

「昇進頭打ち、親の介護、バブル期に買った自宅の住宅ローン」に加えて、「子どもの反抗期、自らの更年期障害、夫の病気」が重なったという。

「職場で居場所がなくなっていく」ことは、精神的にはなかなかこたえる。これに家庭の事情や健康問題が加わると、定年までの道のりはさらに険しくなる。定年が視野に入るようになってから退職するまでは、いわばキャリアの第四コーナー、ゴールに向かっての最終コーナーである。それまでの経験を生かして熟練の走りができるものの、体力的にはきつくなってくるころだ。六重苦とまではいかなくても、いくつかの障壁が控えている。

「中年期は人生半ばの峠であり、心理的な危機期である。これまでの自分ではもはややっていけないというアイデンティティの危機にみまわれる」

と、生涯発達心理学の観点から広島大学教授の岡本祐子氏は『アイデンティティ生涯発達論の展開』(ミネルヴァ書房、2007年)で説く。その中核となる心理は「自己の有限性の自覚」だという。職場ではベテランとしての充実感を抱きつつも、昇進の先行きも見えてくる。家庭では子どもが巣立ち、親の介護が始まる。身体の衰えも痛感し始めるころだ。そうした喪失や下降への変化を感じるなかで、自分らしい生き方とはなにか、自分が本当にやりたいことはなにか、自分の人生にとって本当に大事なものはなにか、改めて自分の生き方を問い直す時期だという。

さらに「(40代を中心とする)中年期の入口、そして現役引退期はいずれもアイデンティティの獲得、再獲得という共通のテーマがある」とする。中年を迎えるときも、定年を迎えて現役を引退するときも、「危機」をきっかけとして自己を見つめ直して、アイデンティティを問い直す時期なのである。

岡本氏は希望の持てる分析もしている。「危機」、英語でいうクライシスとは破局的な事態というだけではなく、「岐路・分かれ目」という意味もある。つまり「危機」は、成熟の方向に進むか、あるいは退行におちいるかの分岐点でもあると。ならば、中高年の「危機」を受けとめてアイデンティティを再構築し、成熟の方向に向かえばいいわけだ。

本書の目的は、定年を迎えた先輩たちの体験談を通して、アイデンティティの危機をいかに受けとめて成熟へ向かうか、そのためのヒントを探ることでもある。

親の介護費用に加え、バブル期に1億円で買った自宅ローン

50代を迎えて定年まであと10年、15年。この時期に、仕事と介護の両立に悩む人が急増する。２０１３年7月に総務省が発表した「就業構造基本調査」によると、現在、働きな

がら介護をしている人は290万人に上る。東レ経営研究所研究部長兼主席コンサルタントの渥美由喜氏の試算によると、50代の働く女性で介護を担う人の割合は14・2パーセントに及ぶ。7人にひとりが仕事をしながら介護を担っていることになる。

埼玉県にある中堅食品会社で長年事務職として働いている60代後半の佳代さんの場合は、50代半ばまで親の介護と仕事に追われる日々だった。しかし退職という選択肢はなかった。

「自分の親の介護費用は、夫に頼らず自分の給料で出そうと思ったから」

半農半漁だった親には年金収入がほとんどなく、生活費から医療・介護費用まで支援する必要があったのだ。

東武動物公園方向に北に延びる東武線沿線の駅から徒歩15分。トラックが出入りする食品工場の2階が、佳代さんの職場だ。職場に上がる前に、事務職も管理職も全員、学校の給食係のようなキャップで髪の毛全体を覆ってからデスクに向かう。食品会社なので、髪の毛1本食品に紛れ込むことのないように全社員が緊張感をもって品質管理をしているのだ。

佳代さんもまた、頭にキャップをかぶって、清潔感のある薄いブルーの上下の作業服姿で会議室に現れた。腰が低く上品な面立ち、商業高校を卒業後、しばらく百貨店の呉服売り場に勤めていたというのもうなずける佇まいだ。

60代後半を迎えたいまも働き続けるということは、かなりのキャリア志向かと思いきや、佳代さんはくすっと笑って「40歳を超えるころまで、遊び回っていました」という。25歳で妊娠を機に退職してからは、専業主婦のかたわら、ときおりパートをするくらいで、あとはコーラスに旅行に観劇にと、いまでいうママ友らと遊ぶことに忙しかったという。

現在の会社の正社員になったのは、40代後半のこと。近くに転居して「住宅ローンの負担も大きいから」と勤め先を探したところ、たまたま正社員募集をみつけて採用された。

正社員となってからまもなく親の介護が始まったことで、佳代さんの生活は大きく様変わりする。父を亡くしたのと相前後して、母親が脳梗塞で倒れて介護が始まった。千葉の病院に入院する母親に付き添うため、木曜から土曜まで3日間の休みを認めてもらい、終電で病院にかけつけて泊まり込む生活が4カ月ほど続いた。その後は自宅に引き取り、9時から5時勤務の合間の昼休みに自転車で10分の自宅に戻り、母の昼食の世話をした。夕方帰宅すると、母親が玄関先で倒れていたこともあり、気の休まるときはない。夜中も母のトイレに付き添うため2回、3回と起きて介助をする。仕事と介護の疲れから、60キロ台だった体重は40キロ台に減った。

「いま思うと、明るい性格もすっかり変わってしまい、うつのような状態でした」

佳代さんは、少し声をひそめてこう続けた。「仕事を辞められなかったのは、介護費用のためだけではなくて、実はもうひとつ経済的な事情がありました」

バブル絶頂期に1億5００万円で自宅を購入したことが、家計の狂いの始まりだった。自宅は、敷地1００坪で2階建ての一軒家。息子はすでに独立していて、2階はまったく使わないほどの広さだった。夫は会社役員のため70歳くらいまで働けると見込んで住宅ローンを組んだものの、さすがに負担は重かったのだ。

55歳で母を看取ってからまもなく、夫の会社の経営が危うくなり、ついに倒産、やむなく自宅を売却したものの価格は購入時の半分以下に下がっており、借金だけが手元に残った。夫はショックから自宅に引きこもってしまい、しばらく再就職の活動すらできなかった。佳代さんは「70歳まで働こう」と覚悟を決めた。そうこうしているうちに、「あっというまに定年の60歳を迎えてしまいました」

シニア層になったら悠々自適の生活を送り、生きがいのためだけに働きたいと思う人も多いだろうが、現実は少し厳しいようだ。50代後半から60代後半までシニア層の女性が働く理由でもっとも多いのが「自分と家族の生活を維持するため」で、50代後半・60代前半ともに7割前後の人が、働く理由として「経済上の理由」を挙げている（厚生労働省2

004年「高年齢者就業実態調査」)。

2014年に発表された「労働力調査」(総務省)では、女性の就業率が上がり、とりわけ20代後半・30代前半の就業率が伸びたことでM字カーブが少し解消されたといわれたが、実はこの世代に続いて50代から60代前半の女性の就業率も伸びている。2013年のデータをみると、50代後半で約65パーセント、60代前半で約半数の人が働いている。いずれも1998年と比べると、7ポイントほど上がっている。働いているシニア女性の約7割が経済的理由を挙げていることを考えると、働かざるを得ないシニア女性が増えていることがうかがわれる。

佳代さんもまた、そうしたひとり。60歳定年を迎えてパート職員となり、65歳を過ぎたときに夜勤パートとなった。いまは夜11時に出社して朝4時か5時まで、深夜に入る食品の受注事務をこなす。しかし、資産管理に失敗した夫を責めるわけでもなく静かに振り返る。

「淡々と働かせてもらって、職場には本当に感謝しています。介護で大変だったときにはまわりに負担もかけていたと思います」。

当時職場は社員数十人から200人ほどへといっきにふくらむ成長期ではあったものの家庭的な雰囲気だった。介護といった家庭の事情を抱えながらも仕事を続けられるかどうか、とくに中小企業の場合は制度よりも職場の風土に大きく左右される。佳代さんの場合は、経営者の理解があり勤務先の業績が好調だったことも幸いした。

とはいえ、事務職の女性が定年まで勤めあげるのは、職場の理解だけではむずかしい。同じ事務職なら、年齢が若い人のほうが管理職にとっては使いやすいから、それを乗り越える「何か」が必要だ。

「平凡に、ふつうに勤めてきただけです」

佳代さんはしきりに謙遜するが、60代後半になったいまも継続雇用されるには、やはり理由がある。

「気づかいはもちろんします」と佳代さんはいう。

上司は、親子ほど年の違う年下の男性ながら、何を頼まれてもイヤな顔はしない。同僚や後輩には「フォローをする、優しく接する、目先だけではなく全体をみるように促す」ことをいつも心がけている。むろん事務仕事だから、与えられた仕事をミスなくこなす、そのためには新しく導入されたシステムをすぐにマスターすることが基本となる。

管理職にならないまま、一般事務職として定年を迎えた人は、おしなべて「名フォロワー」である。

「上司や後輩がどうすれば仕事がしやすくなるか、いつも考えていた」

「上司のために必要な仕事の資料を常に用意しておいた」

といった共通項がある。黒子に徹しながら若手を支えて、まわりから感謝される。これが定年まで事務職として気持ちよく仕事をする秘訣のようだ。

職場以外にも、見逃せない心得がある。

「おかげさまで健康なので続けられました」

佳代さんはこともなげにいうが、自己管理のたまものだ。50代を迎えたころから、毎朝6時に起きて1時間ほどのウオーキングを日課としてきた。川沿いを歩いて四季の楽しめる貯水池をぐるりと一周して帰る。これも功を奏したのか、いまも持病は何もない。交差点で軽自動車にはねられて全身打撲となったときも、近くの整骨院で治療をうけて3日間寝込んだだけで、4日目には全身に湿布を貼って素知らぬ顔で出社したとか。

「いまでも疲れると肩が痛みますが、それくらいで、あとは健康です」

まわりの信頼を得ながら「平凡に、ふつうに、健康で」事務職として定年まで勤めあげることは、そうたやすいことではない。芯の強さも備えた「スーパー事務職」の仕事道を、佳代さんは教えてくれる。

定年が視野に入り「降りていく生き方」を模索する

「50歳を超えると多くの人は、現場の前線で頑張る立場から『支える』ほうへ立場が変わる。それまでキャリアの階段を上ってきたのに、『向き』を変えて降り始める。この発想転換がむずかしいんです」

こう語るのは、日本テキサス・インスツルメンツで広報部長、企業倫理室長を務めた後に51歳で早期退職をし、現在は人材開発のコンサルティングを手がける村松邦子さんだ。

50代で「向き」が変わるとはどういうことか。

キャリアの階段を上っているうちは、上へ上へと向いて、いかにステップアップをするかを考えればよかった。ところがキャリアの階段を降り始めると目線が変わる。下り坂のほうがラクでいいと思う人もいるだろう。しかしなかには「下る」イコール「落ちていく」と感じて葛藤する人もいる。

これまで、55歳の役職定年や60歳定年で管理職としての肩書きを失い、居場所を失って茫然とするというのは男性管理職特有の現象だった。ところが、少しずつ女性管理職が増えてきたことで、女性の間でもそうした「落差」に悩む人が出てきている。

男性はどうも観察するに「スーダラ会社員」を演じる術に長けているようだ。昇進レースからはずれても「いやあ、妻子を養うためにはぶら下がらないとね」と自嘲気味にいいながら、焼き鳥屋で同僚とビールジョッキを空ける。本意ではない処遇であっても折り合いをつける方法を、数多くの先輩の背中を見ながら学んできたのだろう。

一方の女性はどうか。

なにしろ、総合職として定年まで勤めあげた女性の先輩はほとんどみつからない。もしもいま、50代で管理職についているとしたら、自ら道を切り拓いてきたという思いも強いだろう。なかには結婚や子育てをあきらめて走り続けてきた人もいる。それなのに「課長止まり」となると「企業は女性の登用を進めるというのになぜ？　やはり、どこかに男女差別があるのでは」と考えがちだと村松さんはいう。

「私は認められていない」という満たされない思いを抱えていると他の人の支援はできない。次世代への経験継承やポストのバトンタッチがうまくできない。村松さんによると

「女性のほうが仕事を続けるために捨ててきたもの、犠牲にしてきたものが大きい。だからキャリアの下り坂を迎えたときに、より大きな矛盾を抱えてしまう」そうだ。

働く女性たちが情報交換をしながら互いに高め合うようなネットワークはどんどん増えている。しかしその大半は、「ポジティブパワーにあふれていて、上へ上へと向かう人でないと参加できない雰囲気。キャリアの下り坂を歩み始めた女性だと、気おくれして参加できない」と村松さんは感じている。下り坂を歩み始めた女性が、本音で語り合える場をもつことはむずかしいのだ。

頑張り続けた女性に「降りていく生き方」を指南する本も雑誌もなければ、そうした女性が集う場もない。職場やまわりをみても、先輩はいない。しかし「定年が視野に入った」日から、降り方の模索が始まる。

50歳を迎えて、想定外の給料カットが続く

企業のなかには、40代のうちから社員に「定年」を意識させるところも出てきた。50歳を過ぎたらどんなコースを歩むのか、あらかじめ条件を提示して定年までの会社人生を考えさせる研修を行うところもある。たとえば、50歳で「専門職コース」に転換すれば給料は何割かダウンするものの、65歳まで同じ条件で安心して勤めることができる。あるいは、「バリバリ昇進・昇給コース」を選ぶと給料は上がっていくが、60歳でいったん雇用打ち切りとなる。これは会社側からいうと、シニア社員の生産性を上げようという狙いとともに、中高年の人件費を抑える意図もある。

2013年4月に施行された「改正高年齢者雇用安定法」により、希望者は65歳まで働けるようになった。しかし60歳からさらに5年も収入が得られると喜んでばかりもいられない。延長雇用するシニア社員の人件費を捻出するため、40代、50代のミドル社員の給与

引き下げに踏み切る企業が相次いでいる。

こうした流れを知らないと、50代を迎えて「想定外」の収入減に戸惑うことになる。企業の健康推進センターで看護師として働く60代半ばの由紀子さんもそのひとり。企業合併による人事制度変更もあり、50代で思わぬ収入減に見舞われた。

由紀子さんは、50歳を目前にしてコース転換に挑戦した。企業合併を機に人事コースを統合するにあたり、一般職女性も「地域限定総合職」にチャレンジできると聞き、真っ先に手をあげたのだ。健康推進センターで長年看護師を務め、社員の健康管理で実績をあげてきた自信があった。

ところが、結果は思いもよらない不合格。合格したのは支店営業に携わる女性ばかりで、本部で管理的業務に携わる女性は全員落とされた。50歳を境に総合職や地域限定総合職なら給与水準が維持されるものの、由紀子さんなど一般職は給与が2割も下げられるという。

どうしても納得できない——。50歳にして初めて転職活動を始めた。大学やバス会社などの診療所看護師の公募をみては受験。年齢で落とされたところもあれば、「話にならないくらいの給料ダウン」であきらめたところもある。結局、年俸や働きやすさなどを考えて現職にとどまることにした。

50歳まで積みあげてきたものは何だったのだろう。本人いわく「へそを曲げたとき」に、救ってくれたのは由紀子さんの人柄と仕事ぶりをよく知るまわりの人だったという。「こんな試験ひどいですよ」と一緒に怒ってくれた。「モチベーションが下がったけど、救われた」という。

55歳を迎え、給料はさらに3割減となった。55歳になると、いったん退職してから再雇用され単年度契約の嘱託社員となる仕組みとなっている。由紀子さんもまた、55歳で嘱託雇用となったのだ。しかし人事のマネジャーは由紀子さんの働きぶりを見ていてくれて月給に1万円の上乗せをつけてくれた。

「月1万円でもすごくうれしいもの。お金じゃなくて気持ちがね」

さらに58歳のとき、人事部長がこの下げ方はあまりにひどいと、医療専門職の給与テーブルを改定してくれたおかげで、年収が100万円アップした。しかも60歳で定年を迎えるまで2年続けて上がったという。これで何と落とされてしまった地域限定総合職の人の給与水準に追いつくことができた。50歳で悔し涙をのんだものの、58歳で挽回した。何が起こるかわからないものだ。

ここで終われば「めでたしめでたし」なのだが、そうはいかなかった。60歳で定年を迎えて継続雇用を希望したところ、グループ内の派遣会社に籍を移し、元の職場に「派遣」されることになった。仕事の内容はまったく変わらないものの、給与が再び大幅にダウンするという。

「私、総合職になれなかったから、給与テーブルを見直してもらって、この給与になったんですよ。せっかく上げてもらったのに、がっかりです」

年俸も聞かずに、人事担当を残して部屋を飛び出してしまった。その後、年金と現在の給料をあわせて、収入水準を保障するという説明を受けて気持ちを収めたという。

由紀子さんが50代を迎えて直面した給料カットは、めずらしい話ではない。多くの企業で行われていることだ。ただし由紀子さんが55歳、58歳で特別なはからいで給与上乗せをしてもらったのは、異例のことだ。一般的にはこうした配慮などは期待できないから、正社員であっても、40代後半から50代前半をピークにして収入が下がることは覚悟しておいたほうがいいだろう。

定年までいられるのは幸せともいえる。やむなく退職も

企業合併が増えるなか、勤務先の吸収合併により、50歳を過ぎて職場で居場所を失うケースもある。システム変更でそれまでのスキルが通用しなくなったり、長年かけて積みあげてきた社内人脈が色あせてしまったり。自らの組織内でのバリュー（価値）がいっきに下がってしまうと、20代・30代社員とちがい挽回はなかなかむずかしい。

大手都市銀行に勤めた50代後半の恵美子さんの場合も、55歳で早期退職を決めたのは、勤務先の合併が大きかったという。銀行業務はシステムが要《かなめ》、それが一夜にしてガラリと変わった。新しいシステムのもと、ミスなくスピード感をもって事務処理をこなさなければならないものの、若い行員ほどうまく切り替えられない。それなのに若手よりもはるかに高い給料をもらうことになる。「我ながら、理不尽だと思った」という。それに加えて「いままでの原則が変わるのも苦痛でした」。

定年まで勤めることができるのは、恵まれた職場環境ともいえる。定年退職をする女性はこのところ10万人ほどで推移しているが、60代前半でそれに続く離職理由は「会社倒産・事務所閉鎖のため」「人員整理・勧奨退職のため」であわせると6万人を超える。50代、60代でもっと働きたくても職場の事情で辞めざるを得ない人が少なくないのだ。

60代前半の祐子さんの場合は、50代前半の若さで勤務先の業績悪化で退職を余儀なくされた。新卒でアパレル会社に入ったのはオイルショックの翌年のこと、美大出身の祐子さんは一貫して宣伝広報畑を歩んできた。ブランドロゴのデザインからファッションショーの企画運営まで一手に引き受け、担当した高級ブランドでは3年連続して前年比125パーセントの売り上げを達成した。

しかし、会社全体の業績は入社以来下降線をたどり続けた。宣伝広報はお金をつかうコスト部門、予算は削られる一方で、ついに部の縮小が決まる。

「私が辞めなければ誰かが辞めさせられる」と精神的にも追いつめられていった。同居する母が「もういいんじゃない」と背中を押してくれたこともあり、早期退職を決めた。

会社を辞めてからは職業訓練校の起業コースで学び、アーティストのマネジメントを行う会社を興そうと模索したものの、採算が合わないとわかり断念した。知人の紹介で再就職先も探ったが、これもうまくいかなかった。そのあとは、自宅近くの公立小学校で事務アルバイトを6年ほど続けたという。

祐子さんの話からは、50代の再就職がきわめて厳しいことを思い知らされる。会社都合、つまりリストラで辞めた社員に対する再就職支援サービスが伸びているが、再就職カウンセラーは求職者に対してまず「いままでの収入を維持しようと思っても無理ですよ」と耳もとでささやく。多くの場合、長年勤めた会社の給与水準と仕事のやりがいを維持しようとすると、再就職先はみつからないという。

50歳をこえてから定年までは胸突き八丁とはいうものの、長年勤めた会社で仕事があることは幸せかもしれない。再就職の苦労を聞くと、そう思えてくる。

50代、「動」から「静」へ移る年代

50代は「動」から「静」へ移る年代――。こう語るのは、1977年に前川製作所で

「定年ゼロ制度」をつくり、80歳を超えたいまも顧問としてシニア社員の継続雇用に取り組む加茂田信則さんだ。「動」の時代は、企業人として業績拡大を追求し、実績を積みながら自身のキャリアを膨らます時期。「静」の年代を迎えると、長年の経験をもとに企業のなかに欠けていたものを考え、従来なかった価値をいかに生み出すかを考えて仕事を提案し、若い世代をサポートしながら実現していく時期だという。

先に紹介した事例を「動」と「静」、そして「移行期」で考えると、納得できることも多い。むろん人間は機械ではないから、スイッチをオン・オフするかのように、動から静へと瞬時に切り替えられるものではない。移行期間も必要だろう。

モスフードサービスを60歳で定年退職した草薙希代子さんは、定年が視野に入り始めた50代半ばのころ、むしょうにひとり旅に出かけたくなったという。毎月のように足を運んだのは京都のお寺、とくに何をするというあてもなく、ひたすら苔むす境内や大原の山寺を歩き回った。「とにかく自分を『無』にしたかった、なんだか心のうちが騒がしかったから」という。いま振り返ると、おそらく仕事も人生も転換期にあり、まさに動から静へと切り替える時期にあったのだろう。

30代でパート社員として勤め始め、その後正社員となり店長に。スーパーバイザーやお客様相談室立ち上げなどさまざまな部署を経験し、50代前半まで新規店舗の立ち上げ支援といった激務をこなしてきた。55歳のとき、「定年まであと5年」を強く意識したという希代子さん。おそらく会社のなかでの立ち位置が変わることを受け入れるために、京都の寺を歩き回りながら心持ちを切り替えるためのチューニングをしていたのだろう。

動から静へ移る時期は50代を中心にして、40代半ばから60歳の定年直前まで、個人差があるようだ。

日本企業に勤める多くの人は、管理職なら50代半ばで「役職定年」を迎える。肩書きがはずれて現場でプレイヤーに戻る。また、定年まで管理職として走り抜けた人は、60歳定年を迎えてようやく「動」の時期を終える。一方、外資系やベンチャー企業など昇進が早い会社では、30代で管理職に昇進、40代にして早くも引退プランを考え始める人もいる。外資系企業では50歳前後でハッピーリタイアメント、その後はボランティア活動やコンサルティングなどをしながら自分の時間を楽しむのが理想という人も少なくない。

行動や発想を変えること、また自分が変わることはたやすいことではない。「動」から「静」への移行期は苦しいものだ。しかし、定年が視野に入ってきたら「静」の時代を見据えて準備を始める必要がありそうだ。

第2章 妹たちへのメッセージ

キャリアの「春」「夏」そして「秋」

定年まで勤めあげた女性は、60代に至るまでどのようなステップを踏んできたのだろう。

中年期にさしかかる40歳を人生の転換期として「人生の正午」と呼んだのは、精神科医で心理学者のカール・G・ユングだ。日の昇っていく午前に対して、太陽の下る午後は、それまでとは違った発想が求められる。定年を迎えた女性たちは、人生の「午前」と「午後」をいかに過ごしたのだろう。

また、人生を４つの時期に分けて四季になぞらえたのは、発達心理学者ダニエル・レビンソンである。古典的名著『人生の四季』（講談社、１９８０年、文庫本の邦題『ライフサイクルの心理学』）で、0〜22歳の「児童期・青年期」、45歳までの「成人前期」、65歳までの「中年期」、その後の「老年期」として、それぞれを春夏秋冬にたとえた。

『人生の四季』は、工場労働者、企業の管理職、大学の生物学者、小説家の４つの職業の計40人に詳細な聞き取り調査を行い、40歳前後の「人生半ばの過渡期」を中心に分析したものだ。初版は70年代末の刊行と時代はさかのぼるものの、その後の長寿化やライフサイクルの変化を踏まえても、その分析にはいまもうなずける点が少なくない。それぞれの発達段階から次へ移るにあたっては、生活構造を根本的に変える必要があり、3年から5年の移行期間が必要であると説くあたりは、前章で述べた定年を前にして「動」から「静」へと移行する会社員の心の葛藤を裏付けるような理論だ。

またこうも述べている。「どの季節が良いとか、どの季節のほうが重要だというようなことはない。それぞれライフサイクルの中で大切な位置を占め、その独自の性格でライフサイクル全体に寄与している」(『ライフサイクルの心理学』講談社学術文庫、1992年)。こう考えると、人生の盛夏を通り過ぎた後の「秋」も味わい深いものに思えてくる。

ひとつ残念なのは、調査対象とした40人は全員男性で、必ずしも女性のライフサイクルと一致するとは限らないという点だ。

しかし本書は、男性と同じようにキャリアを中断せずに定年まで勤めあげた女性たちの体験談に学ぼうという趣旨なのでうなずけるところも多い。

そこで、レビンソンの『人生の四季』をヒントに、仕事のステージを「四季」で考えてみることにした。仕事を始めてから基盤を築くまでを「春」、組織の中核でリーダーシップを発揮しながら成果を上げる時期を「夏」、後輩に活躍の中心舞台を譲りながら熟練の技と知識を生かして後方支援に回る時期を「秋」に分けてみることにした。現役を退いたのちの「冬」になると、報酬は関係なく自分のやりたいこと、社会に貢献できる役割を模索することになる。

定年まで勤めあげた女性は、季節ごとにどんな行動をとったのか。共通項として浮かんできた「行動様式」と「思考パターン」を見てみたい。

春――「見る前に跳べ」

定年まで勤めあげた女性たちは語学堪能な人が多い。いまでこそ入社試験でTOEICのスコアが問われるが、いまから40年ほど前は英語力がさほど問われる時代ではなかった。にもかかわらず大学入学時から、あるいは20代のころから「これからの時代、英語が必要になる」と、語学力を磨いてきた。そうした時代の先を読む力があるからこそ、道なき道を切り拓けたのだろう。事実、語学力がキャリアの選択肢を広げることにつながったのは間違いない。

若いうちから語学力を磨いていたということは、海外への関心も高い。未知の世界への好奇心が人一倍強い。そのためか、若いころに「海外放浪」をした人が少なくない。単なる自分探しの旅ではなく、目的が明確な旅をしている。

企業の健康推進センターに勤める由紀子さんは、就職する前に海外の医療事情を知りたいと、看護師仲間の友人とともにグアム島を訪れている。企業で健康管理の仕事ができないかと漠然と考えていたころで、就職前に海外を見ておきたいと思ったという。いずれ米国西海岸で働きたいという夢もあった。

グアムに行ったのは「何となく」だったという。当時、横井庄一さんが終戦後28年間身を潜めていたグアムのジャングルから帰還したときの第一声「恥ずかしながら帰って参りました」という言葉が流行語になっていた。ニュースのなかで、横井さんが発見されたのちに一時治療を受けたグアムのメモリアル・ホスピタルという病院を知ったのがきっかけだった。ツテをたどりながら現地の病院を見学して回った。「医療機関で働きたいと、いろんなところで面接も受けてみました。でも観光ビザではだめでした。当たり前ですよね」と、愉快げに笑う。向こう見ずだが、海外で医療を勉強したいという思いにあふれていた、若かりしころの由紀子さんが目に浮かぶ話だ。

帰国した由紀子さんは、新聞広告をみて先の企業に就職する。企業の健康推進センターがまだめずらしかったころだから、由紀子さんのアンテナは新しい動きをいつも敏感にとらえていることがわかる。就職後も夏休みをつかって、「自腹で」欧州医療視察ツアーなどに参加してきた。こうした蓄積が、企業の健康推進センターという新しい分野を仲間とともにつくるうえでの礎《いしずえ》となった。

20代は試行錯誤をする時期。転職したり、その前に海外を放浪したり……。先輩たちは可能性を求めて少しジグザグな道を歩んでいる。共通するのは、可能性にフタをせずに、関心をもったら未知の世界に飛び込んでいく姿勢だ。「見る前に跳べ」というメッセージが聞こえてくるようだ。

夏――コミットメントする

あなたにとって仕事のハイライトはいつでどんな仕事でしたか？　こんな質問をすると、さほど迷わず答えが返ってくる。仕事の経験を積んで、気力、体力も充実してもっとも手ごたえを感じた時期だ。年代でいうと、30代半ばから40代と答えた人が多い。夏の時期を語るとき、複数の人が次のようなセリフを口にすることに気づいた。

「チャレンジは当然する」

「この仕事は私にしかできないと思った」

「社長に直訴した」

「変えるべきだと思った」

強い意志がうかがえる。そう、夏は強い意志をもって成果を出す時期だ。とはいえ、ここまで強くいい切ることはなかなかできないもの。いま定年を迎えた女性は時代の先駆者たち。強靱な意志をもち、組織に貢献した人でなければ、なかなか定年まで勤めあげることはむずかしかったのかもしれない。

外資系製薬会社でプロダクトマネジャーを務めた道子さんは、新薬の立ち上げにあたり「すべて閾値《いきち》以上のことをやる」と宣言して、40代そして50代と、2つの新薬市場を切り拓いた。「いま考えると、鬼のような形相だった」と笑う。

繊維メーカーでSEを務めた美佳子さんもまた「1円でも多く稼ぐにはどうしたらいいか、考え抜いてきた」という。

先輩たちのセリフを聞いて「私にはそこまではできない」と、最初から線を引いてしまう人もいるかもしれない。しかし、やはり腹をくくって成果を出さないといけない時期もあるのではないか。それがその後の仕事や人生の選択肢をぐんと広げることにもつながる。

秋――「心の声」を聴きながら棚おろし

「秋」はそれまでの経験をもとに円熟味のある仕事をする時期。同時に会社員としては風呂敷をたたむ用意をし、ゆるやかに下り坂を歩き始めるころである。

50歳を迎えるころから、多くの人が仕事の「秋」にさしかかる。何時《いつ》から秋を迎えるかは、個人差が大きい。60歳近くまで「第一線で走り続ける」人もいれば、50歳前後に自ら異動を願い出て、組織の本丸から離れた人もいる。

「夏」の時期に大きな成果を上げた人ならば、ここで経営陣に「新ポスト」を提案するという選択肢も生まれる。問題意識の高い人なら経験を重ねるなかで、社内にどんな機能が欠けているかも見えてくる。「あの人なら」と思われる実績があれば提案も通りやすい。

製菓メーカー高砂屋に勤めていた陸田昭子さんは53歳のとき、広報部の新設を社長に提案し、自ら初代広報部長となった。

「広報部を新たに設けるべきかと思いますが、いかがでしょうか」

「ああ、よろしいな」

「新しい部をつくったら、私が部長ということになりますが、よろしいですか」

「ああ、それなら名刺を作りなはれ」

部署新設を提案しながら、自身の部長就任もさりげなく決めてしまったのだ。ちなみに、こうした処世術を身につける上で、バイブルとなったのは中国の『十八史略』だとか。

外資系企業で本部長まで務めた啓子さんの場合は、55歳のとき自ら願い出てラインのマネジャーからはずれた。縦割り組織を横串でつなぎながら、経営コンサルタントのような役割を果たしたいと社長に申し出て認められた。それから5年の間、60歳で現役を退いた後に何をするかを考え抜いた。「他人からどう見られるか」ではなく、「自分が満足できるか、納得できるか」という物差しを大切にしたという。

秋の季節を迎えて「定年後を見据えてソフトランディングを考え始めた」という人は少なくない。これまでのキャリアの棚おろしをして、「心の声」を聴き始める時期でもある。会社を卒業した後は何をするのか。自分は何をしたいのか、と――。

冬——現役時代のプライドを脇に置く

現役を引退すると、「冬」の時代に入る。といっても凍てつく冬ではない。秋までの実りで十分に暮らしていけるものの、長年の熟練の技でまだまだ手仕事では若手に負けない、一日の長がある判断力で若い世代を支える時期といえる。

現役を退いたばかりの時期をみると、先輩たちの多くは、しばらくジタバタしている。もう少し格好よくいうなら、試行錯誤を繰り返している。何か打ち込めることはないか、現役時代の経験をもとに社会の役に立てることはないかと模索するのだ。

60代後半の米岡満寿美さんは大丸神戸を退職したあと、クラフト作家など仲間3人とともに事務所を構えた。文化教室を開いたり、施設に出張授業をしたりできないかと考えたのだ。介護施設に出向くなど「営業」をしたものの、仕事はこなかった。次第に足が遠のき、結局事務所は1年ほどで抜けてしまった。「夢を買いました」と苦笑する。

外資系企業でマーケッターとして知られた櫻井啓子さんは、定年退職した翌々月に個人事務所を立ち上げようと、手続きのため近くの税務署に足を運んだ。「書類に事業内容を書こうとしてハタと手が止まってしまいました。何と書いたらいいものか……」と、当時の心境を語る。最初は「後輩の女性たちのキャリア支援をしよう」とやや漠とした目標のまま走り出した。インターネットで検索してみつけた女性センターに足を運んで「私で何かお役に立てることはありませんか」と申し出たり、出身大学のキャリア支援センターに出向いて「女子学生向けキャリア講座」を提案したりもした。これがきっかけとなり、その後講師を依頼されたこともあれば、最初の面談だけで終わったところもある。そうして動きながら2年が経ったころ、ようやく自分ができることが見えてきたという。

啓子さんが気をつけていたことがある。前職は名の知れた外資系企業に籍をおいていたが、定年後はなるべくかつての勤務先の名前を口にしないように、現役時代の人脈を武器にしないようにしたことだ。「未知を楽しむ」をいつも自分にいいきかせているという。

発達心理学者のレビンソンは発達段階の次へと向かう「移行」には、一般的に3年から5年かかるとみている。秋から冬へと移行する「現役引退期」も、そうした時間が必要なのだろう。先輩たちの姿からわかることは、立ち止まらずに、引きこもらずに動き続けていれば、何かがつかめるということだ。そして現役時代のプライドをいったん脇において再出発する。これが、冬の時代も生き生きとしている先輩たちに共通する点だ。

「組織より個」社外で個のつながりをつくる

現役時代の心得として先輩たちが口を揃えていうことがある。それは「組織より個。個のつながりこそ大事にして」というものだ。会社の外に出て、肩書きに関係なくつながる仲間を作るといいという。そうした仲間のひとりが社外でのメンターになってくれることもある。肩書きを超えた社外の仲間とは、定年後も交流が続くことが少なくない。

いまならフェイスブックといったSNS（ソーシャル・ネットワーキング・サービス）などで、簡単につながることができるだろう。とはいえやはり、顔を突き合わせて議論したり、苦労をともにしたりした仲間の絆にはかなわない。大丸神戸を勤めあげた米岡満寿美さんは、課長という肩書きがついてから社外の人脈が一気に広がったという。課長職となり、法人契約する社外勉強会に参加する機会が増えたからだ。

米岡満寿美さんが「メンター」ともいうべき存在の人と出会ったのは、関西生産性本部のセミナーだった。10歳年上の教育プランナーの女性で、公私にわたり助言を受けたという。接遇講師の依頼を受けたときは「こんな本を読んでいくといい」とアドバイスをくれたり、社内の人にはいえない本音も聞いてもらったり。ひとりっ子の満寿美さんにとっては姉のような存在で、一緒に海外旅行に出かけたこともある。

経営者協会の勉強会では、川崎重工業や神戸製鋼所など関西地区の製造業の男性社員らとのネットワークも広がった。ともに部下育成セミナーを企画したり、講師を頼まれたりするなかで、信頼関係を築いていった。定年後のいまでも、その時の仲間と毎月飲み会を開いている。

定年を迎えると、勤務先と肩書きだけでお付き合いをしてきた人は、さあっと潮が引くように目の前から姿を消す。会社を離れて、どれだけ個人の付き合いを続けたいと思う人がいるかで定年後の生活の彩りも変わってくる。現役時代から「組織よりも個」でつながる。この大切さがわかるのは、定年を迎えてからのようだ。

いま「妹たちへ」伝えたいこと

現役を退いた先輩たちに、最後まで納得のいく仕事をするにはどうすればいいのか、定年後に向けてどんな準備をすればいいのか、体験談を踏まえてアドバイスをもらった。

「絶対的な強みをつくろう」

――橋本千枝子さん（広告会社・営業顧問、役員秘書室長、60代半ば）

「昇進はもはやこれまで」

50代半ばにさしかかり定年が視野に入り始めたころ、橋本千枝子さんはこう悟ったという。後ろ盾になってくれていた相談役が退任したためだ。そこで管理職の道ではなく「絶対的な強みをもって社内で必要とされる存在となる」ことを目指そうと考えた。

「独自のスキルや才能があれば会社も切れないはず。会社のなかでこの分野でトップランナーというフォーメーションをつくろう。絶対的な強みがなければ、若い人のほうがいいに決まっている」

こう考えて自らの「棚おろし」をして強みを分析したという。ともかく人間好き、ヒューマンネットワークは社内随一と自負している。きちんと相手とつながっている「生きた」名刺は約1万枚、「日産自動車のカルロス・ゴーンさんにも英語で直にメールするわよ」という。社内の営業マンがコネクションを探していたら、どんな業界のどこの会社でもつなげられる。取引先に営業マンと同行すれば、会社トップから部課長まで「重みのある人」と対等に話す自信もある。

60歳を過ぎてからの継続就業でも、これを生かして営業支援や役員秘書の責任者を続けている。

「私、70歳まで勤めさせていただきます」

65歳を迎えた先日、人事担当役員と社長にこう宣言して認められたという。

「女ひとりで生きられる老後資金を用意すべし」

――陸田昭子さん（元高砂屋・広報、70代半ば）

「年とったらおカネが大事やな」

陸田昭子さんがそう感じたのは30代のときだった。父42歳、母38歳のときに生まれたひとりっ子のため、20代から親を経済的に支え、老後資金の大切さを痛いほど感じていた。

昭子さんは中学2年のとき結核を患い高校進学を断念、父親も病身で治療に専念できる家庭環境ではなく、17歳のとき小さな町工場で事務補助として働き始める。初任給は4500円だった。20代前半で結婚して2人の子どもを授かる。子育てに加えて双方の親の介護も始まるものの、それでも働くことはあきらめなかった。経済的事情もあるが、「扶養家族でいる人生は考えられなかった」のだ。クリーニング店の店員、百科事典の訪問販売、経営コンサルティング会社の経理など、ときにはパート社員となり職を転々とした。苦労続きの人生に映るが、当の本人は明るくいう。

「新聞広告を見れば求人はたくさんあったのよ。正社員が多かった時代に、パートタイマーで働くのは先駆けだったわね」

定年後も見すえて３０００万円弱で４戸の小さなアパートを建てたのは、１９８８年のこと。バブルで地価が高騰する直前だったことが幸いした。夫と子ども２人、母親の家族５人は家賃の安い古い借家に住んで、60歳の定年までこつこつとローンを返済。勤め先は中堅企業のため、大手のように企業年金が充実していないから、年金収入の上乗せを自ら用意しようと考えたのだ。実際にいま、この家賃収入があり助かっているという。ただし古いアパートは賃料が下がり経営もむずかしくなってきた。

そこで60代半ばで、ＪＲ沿線の駅前に建つタワーマンションの一室を購入した。59平方メートルの１ＬＤＫ。現在は夫婦ふたりで住むが、いずれは娘宅で同居して賃貸に回して家賃収入を得ることも考えている。

「年老いた親が経済的に自立していれば、子どもを自由にしてあげられる」

現役時代から早めに年金額を把握したうえで、老後の家計プランを立てることをすすめている。

「40歳過ぎたら一生続けられる趣味をみつけて」

——米岡満寿美さん（元大丸神戸・カルチャーセンター、60代後半）

40歳を過ぎて定年が視野に入ってきてから米岡満寿美さんが考えたのは、60歳を過ぎても楽しめる趣味をもつこと。

あるとき、評論家の樋口恵子さんが「豊かな老後を楽しむ」といったテーマで講演するのを聞き、なるほどと膝を打った。「趣味を3つ持ちなさい。ひとつは、自分が一番好きなこと。ふたつめは音楽関係。3つめは体を動かすこと」だという。

「60歳からも、何か楽しまなあかんな」

そう思い、小さいころ習っていた書道の稽古を再開した。さらに40代半ばの人事研修で「何か夢をもちなさい。私は歌手になりますでも何でもいい」という講師の言葉を聞いて、一念発起。「5年後に個展を開きます」と書道の先生に宣言をした。

有言実行、その5年後、50歳にして神戸で書道の初個展を開く。墨を使った前衛的な書「墨象《ぼくしょう》」である。さらにその5年後、銀座のギャラリーで個展を開いた。120センチ大の大作数十点を仕上げ展示即売もした。

60歳ですっぱり会社を辞めてからは、創作・稽古の毎日だ。新作への意欲は衰えない。57歳のとき買った自宅マンションの一室をアトリエにしている。いま挑む作品は、袋に墨汁と水、時には黒のポスターカラーを入れて振り回し、それを破裂させたり、ポンと落としたり、偶然性を生かして創作するものだ。さながら、米国の現代アーティスト、ジャクソン・ポロックのよう。制作を始めると「興奮して寝られへんね」。ときどき、袋が爆発するため、マンションは天井まで墨だらけだ。

書の創作には、リズムが大切だとか。呼吸や間合いは、長年続けてきた長唄や三味線の稽古が役に立つ。書道、日本画を中心に、陶芸、長唄、ジャズ、朗読、体操と1週間休みなし。まさに樋口さんの助言を実践している。

一生ものの趣味をもつには「とにかくやめんことやな」と満寿美さん。長続きする秘訣は、「いい先生をみつけること」「節目で作品を発表する機会をつくること」「教えられるだけではなく、自ら教えること」、この3つだという。

「変化を受けとめる勇気をもって」

——櫻井啓子さん（元外資系ファッション化粧品会社、マーケッター、60代半ば）

櫻井啓子さんは20代から60代に至るまで、どの年代でも「未知の世界」を求めて変化を受けとめたことが、いまにつながっているという。

20代、広告会社を結婚退職した後、4年半の専業主婦生活を送った。前職の社長からある外資系広告会社でもう一度働かないかと誘われ、復帰の機会をうかがっていた啓子さんは幼子を抱えながらも二つ返事で再就職した。

30代、外資系ファッション化粧品会社が日本法人を立ち上げるに当たり、転職。これがチャンスとなり、その後社員20人から5000人へと急成長するなかでブランドビジネスを手がけることになる。

40代、同社の化粧品マーケティング部門で「アジアの大番頭さん」として社内で誰もが認めるポジションに就きながら、後輩のためにもポストを離れようと決意。自ら願い出てファッション部門へ「社内転職」した。業界が変わったかのような違いに戸惑いながらも、新しい経験を積んだ。

50代、傘下に収めたブランドの立ち上げ事業に手を上げる。立ち上げから撤退まで思わぬ苦労をする。

60代、ボストンに短期留学。非営利活動の研修を受けて、社会的事業を手がける女性リーダーの育成を手がけるようになる。

若いころは、未知の世界への誘いがあれば迷うことなく飛び込んだ。40代、50代になり社内で実績を積んでからは、その業績のもと社内で「君臨」しないよう、自ら新しいポジションに手を上げた。とくに50代以降は「人生の変化を受けとめる勇気をもつことが大切だ」と強調する。

「定年後の姿のイメージトレーニングを重ねる」
――恵美子さん（元都市銀行、事務、50代後半）

40代後半から早期退職を考え始めた恵美子さんは、退職ゴールに向けての「コーチング」を2年半にわたり受けていた。コーチングとは、仕事や私生活で目標を設定し、コーチと対話をしながらそれを達成していくもの。昇進や資格取得、また管理職や経営者なら経営目標達成のために使われることが多く、退職でコーチングを受ける例はめずらしい。

「退職時には、どんな姿になっていたいか」

「本当に自分のやりたいことは何か」

「これまでの成功体験は何か」

コーチからこうした質問を投げかけられて、退職後のイメージを徐々に固めていき、ひとつひとつ着実に実行に移していった。

「これまで達成感のあったこと」を問われて、学生時代から続けてきたロシア語の勉強がまず頭に浮かんだ。長野五輪ではボランティアでロシア語通訳を務めたこともある。退職前にと一念発起しロシア語の上級資格を取得した。さらに仕事を辞めたら親の介護が中心になる生活を想定し、介護サービスをあらかじめ確かめると同時に、自分の時間も確保しようと市民講座など学びの情報を集めていった。

こうした準備を進めていたなかで持ち上がった合併話、早期退職をすることに迷いはなかった。退職後は母親と一緒に映画や観劇を楽しんでいたのもつかのま、わずか1年半で母は他界し、突然ひとり暮らしとなってしまった。

しかし、恵美子さんに「自分が犠牲になった」という思いはまったくないという。コーチングを受けながら、退職後にありたい姿をシミュレーションし、「納得して辞めたことがよかった」と振り返る。いまは、放送大学などでの勉強に、ボランティア活動、地域活動と忙しい日々を送る。

「現役時代に打った『布石』が自分を支えてくれる」

——深川幸子さん（元花王・商品広報、60代半ば）

花王を定年退職したのちも契約を結んで、業務委託で社外専門家を束ねる仕事を引き受ける深川幸子さん。これが実現できたのは、現役時代に何十年もかけて打ってきた『布石』のおかげだという。幸子さんは囲碁初段の腕前で、過去の布石が勝敗のカギを握ることを実感してきた。定年後の仕事をつくる上でも同じで、数十年かけてさまざまな場面で打ってきた布石にいま支えられていると感じている。とりわけ効いているのは、社外の専門家との間に築いた信頼関係だ。

10年以上も前のある日、知人の紹介で、ある大学准教授と出会った。研究の傍ら、社員の腹囲などメタボリックシンドロームの情報をもとに健康助言を行う会社を経営している異色の研究者だった。健康にやさしい食品開発を手がける自社のビジネスとも連携できそうだと、幸子さんはすぐに研究所長や事業部長に紹介した。単なる仕事上の付き合いや情報交換に終わらず、相手のために「少し余計なことをしてきた」と幸子さん。こうして築いた小さなネットワークの集積が、定年後に手がけることになった新事業につながっているという。

「何かを手放すと、何かが手に入る」

――智子さん（元外資系金融・事務、60代前半）

何かをすっぱり手放すと、別の何かが手に入る。智子さんは約40年の社会人生活を振り返り、そう感じている。

新卒で入った邦銀を30歳で辞めたとき、次のあてがあったわけではない。半年のアメリカ放浪で英語力を身につけて、帰国後は英文会計の資格を取得。これを武器に出版社に英文会計担当として入社することができた。

次に勤めた外資系金融会社を辞めたときも、とくに何をやると決めてはいなかったが、ふとした縁で森林インストラクターの資格をとり、図書室のパートタイム勤務も始めた。人とつながることが苦手なタイプだったのに、ふと気づくと新しいつながりができていた。

「会社を辞めてもどうってことない。楽しいことがいっぱいある」

新しい世界が開けて、会社員時代とは違う視点で社会を見ることができるようになったという。いま手にしているものに執着しない、「捨てる勇気」も必要なのだろう。

「何歳になっても人は成長する」

——道子さん（元外資系製薬会社・プロダクトマネジャー、60代半ば）

「ああ、私はまだまだ成長できる」——定年を迎え、道子さんが一番うれしいと思ったことだ。

定年後は、景色ががらりと変わった。企業のダイバーシティを推進するＮＰＯ法人の代表理事に就任し、企業研修や講演などを行う。そしてもうひとつ別のＮＰＯ法人で定年退職後の男性にコミュニティビジネスに参画するための研修を手がける。

まず変わったのは「会社員時代と違って、何もかも自分でやらないといけなくなったこと」だという。名刺1枚、契約書1枚、自分で動かないと始まらない。「なんと会社員はラクだったか」との思いを強くしている。

もうひとつの変化は、「よく人の話を聞くようになった」こと。NPO法人はさまざまな企業出身者がかかわり、「言語」がひとつではない。現役時代のように同じ企業文化を共有する社員が議論を交わす感覚でいると、話が通じない。「私の言いたいこと伝わりますか」と口癖のように尋ねるようになった。

代表理事を務める団体では、多様なカルチャーの会員らをまとめるリーダーシップが問われる。もう一方のNPO法人ではリーダーではなく「フォロワー」に徹することで、これまた違う学びもある。謙虚な姿勢でいれば「まだまだ学びがある」とわかったことが、定年後の最大の収穫だという。

第3章

老後のお金、いくらあれば安心ですか？

おひとりさまの老後資金はいくら必要？

「老後もひとりで生きていく。そう覚悟を決めたときに老後資金の計算をしてみた」

定年を迎えたおひとりさまの女性たちは、そう口にする。定年が視野に入り始めるころ、45歳から55歳くらいの間で最初の試算をする人が多い。最初にすることは、もらえる年金額を確かめることだ。

「標準家庭の平均年金受給額は、月約22万3000円」（厚生労働省「2009年度財政検証結果」）

こんな記事を目にしたことがあるかもしれない。月22万円か、そのくらいもらえるなら老後は何とか生活していけるかも――こう考えると危ない。「標準世帯」とは会社員と専業主婦の夫婦のこと。「それを標準世帯っていうの!?」といきどおりを感じる人、違和感を抱く人もいるだろう。もっともだ。実際に私も「標準家庭の平均受給額は……」と記事で書くたびに胸がチクリと痛んだ。「実際にはいまはひとり世帯が主流になっているのだけれど、読者は専業主婦を妻にもつ40代、50代の男性だから」と自分にいい聞かせ、「シングルの人、ごめんなさい！」と内心つぶやいてきた。

50歳を迎えると、日本年金機構から将来の受給見込み額を記した「ねんきん定期便」が届く。50歳の時点での収入で60歳まで働くとしたら年金支給額がいくらになるかを知らせるものだ。

「あまりの少なさに腰を抜かした」

50歳を迎えた友人らと、こんな話をひとしきりしたものだ。そもそも年金額は、夫婦ふたりの年金を合わせて最低限の生活が成り立つようにと設計されている。そこで単身世帯にとっては「えっ？　これでは生活できないよ」と思ってしまうような額なのだ。

では、シングルの人は年金をどのくらいもらっているのだろう。厚生年金に入っている独身会社員の場合、年金の平均受給額は男性で月15万７０００円、女性で月12万２０００円。独身自営業は、国民年金を満額もらえる場合で月約６万４０００円となる。

会社勤めの女性の場合、もらえる年金額は老齢基礎年金という年金の１階部分に、現役時代の収入に比例する老齢厚生年金の２階部分の合計となる。２階部分は、現役時代の収入によって変わってくる。もしも会社員で勤務先に企業年金の制度があれば、さらにこの部分が3階に上乗せされることになる。

会社員の女性なら、なんとなく月平均12万円前後もらえるのかなあと思っていたら、あてがはずれることがある。この平均値が、くせものだ。

受給額の分布をみてみよう。現在、老齢厚生年金をもらう女性の受給額でもっとも多いのは月5万円～10万円未満のゾーンで、老齢厚生年金をもらう女性の半数弱がここに入る。つまり現役時代に厚生年金に加入していた人でも、ほぼ2人にひとりが年金受け取り額10万円未満というわけだ。

おひとりさまとはいえ、月10万円弱の年金のみで暮らしていくのは厳しい。病気になったり、介護を受けることになったりした場合、頼りになる子どもがいない。そのとき、ヘルパーさんを頼むにもお金がかかる。既婚者よりも「プラス・アルファ」で備えが必要だろう。

ここで、将来必要な老後資金の総額と、自分で用意すべき「自分年金」の見積もり方を紹介しよう。

退職後に必要な「老後資金」の総額は、毎月必要な生活費の12カ月分、これを寿命までの年数で掛け算する。日本人女性の平均寿命は現在約86歳。90歳時点の生存率は女性は45％だから少なくとも90歳までのマネープランを立てることをおすすめしたい。

月の生活費はどのくらいを見積もればいいのだろう。まず現在の生活費を家計簿につけてみて、現役時代の6〜7割に絞れるか試算してみる。ちなみに総務省の「家計調査年報2012年版」をみると、60歳以上の単身無職世帯の月の平均支出は約15万円。年金など収入でまかなえない不足分は月3万円強。つまり、月3万円強を貯蓄から取り崩していることになる。

老後に最低限必要なお金は「月に必要な生活費×12カ月×年数」。ただしこれに、医療・介護費用や旅行費用、家の修繕費・家電買い替え費用といった臨時の支出は含まれない。そこで医療・介護費用300万円、旅行費用200万円、家の修繕費300万円など、ざっくり試算して加算してみよう。

たとえば、月約15万円の生活費として、これを60歳から30年間だと5400万円。これに介護費用、旅行費用といった臨時支出を800万円と仮定して加えると、総額6200万円。うわあ大変！　そんなに貯められないと驚くような数字が出る。

ご安心を。全額を自分で貯めないといけないわけではない。先ほど紹介した公的年金の受給額、そして退職金や企業年金が出る人なら、もらえる額を必要額から引いていく。残った額が自分で貯めるべき「自分年金」の額である。

そこで、もらえる見込み額の見積もりをしよう。まずは公的年金。先ほど紹介したように、もしも厚生年金受給者で月平均12万2000円もらえるとした場合（女性の半数弱が月10万円未満といいながら、平均額で試算するのは気がひけるが）、65歳から90歳までの25年間で約3660万円。将来年金の支給額は2、3割減ると見込まれるので、2・5割マイナスになると仮定すると2745万円。東京都の中小企業の退職金は、平均1200万円ほど。公的年金のもらえる見込み額と、退職金の想定額を合計すると、3945万円、4000万円弱となる。

先ほど計算した必要額6200万円から4000万円を引くと、2200万円。やれやれ、やっぱりこんなに貯めるのは大変だ。そこで、65歳までの継続雇用に手を挙げて65歳まで働いて月収15万円ほど得られれば、5年分の生活費900万円は持ち出しをしなくてすむ。そうすると目標貯蓄額は1300万円になる。

もしも、老後に漠とした不安を抱いているなら、一度こうした試算をするといいだろう。むろん個人差は大きいから、目標貯蓄額1300万円というのは、あくまでも目安にすぎない。地方在住だと生活費はもっと安く上がるかもしれない。文化教養費にお金をかけたいなど個人によって事情は違うし、大切にしたいものの価値観が異なる。月の年金額、必要な生活費など数字を置き換えていくと、自分なりの目標額がざっくりつかめる。

電卓をたたくと、少し厳しい現実が突きつけられるかもしれない。しかし、収支がわかれば対策も立てられる。一度生涯を通してのマネープランを立ててみると、自分の望む老後を実現するには、何にお金をかけて、何を削るかが見えてくるだろう。

さて「おひとりさま向け生涯マネープラン」のガイド本は手に入るが、定年まで勤めあげた女性のお財布事情なんて情報は見たことがない。そこで、ここでは定年を迎えた女性のアリとキリギリス版（失礼！）を紹介しよう。

自宅をどうかまえるかも、老後資金と切っても切れない関係にある。定年後の住まい「都会派」「田舎派」の例も見てみよう。

老後のために自分年金4000万円

まず紹介するのは、老後資金づくりのお手本ともいうべき、元金融レディの智子さんの家計管理である。

「50歳で資産1億円を目指していたんだけど、ちょっと手が届かなかったわね」と笑う智子さん。52歳で早期退職をして、それからアルバイトの仕事を続けている。退職までに用意した老後資金は4000万円——。

持ち家の不動産価格約5000万円も勘案すると、実は目標額1億円はほぼ達成している。大学卒業後、日本の銀行に入ったときの初任給は3万9600円。1970年代の高度成長期で月給はベースアップ30パーセント満額回答、30歳で辞めるときには給料はほぼ倍になった。39歳のとき金融事務職として入社した外資系金融は給料水準が高めで、入社したときは600万円台、退職時は900万円台まで上がった。資産形成にはこれも幸いした。とはいえ、親からの遺産３００万円以外はすべて自力で資産を形成したというから立派だ。なぜここまで出来たのだろう。

第一に、株式運用でうまく資産を膨らませたことだ。20代から社内預金枠２００万円を超えたものは、すべて株式投資に回してきた。２００万円の預金でいざというときに必要なお金は確保し、それ以外は積極運用を続けるという、守りと攻めがしっかりかみ合う資産づくりだ。

第二に、30代から将来を見据えて60歳以降受け取りの養老保険に入っていたことだ。最初に勤めた会社を30歳で辞めたときの退職金や、父からの遺産など、まとまったお金が入った折には一括払いや年払いとして有利な契約とした。当時は金利年5パーセント超という高金利の時代。受け取りまで30年あまり高金利で運用され、受け取り額が払い込み額のほぼ倍に膨らんだものもある。

第三に、時代の大きな波に乗ったことも大きい。22歳から始めた株式運用は39歳で家を買うときの資金となった。家を買ったのは88年、バブルがピークを迎える直前のこと。バブル崩壊前にうまく株を現金に換えることができ、購入代金４７００万円の頭金を用意、さらにローンはわずか5年で払い終えてしまった。「株では損もしてるわよ」と本人はいうものの、どうやらカンが働くらしい。

住宅買い替えでも、売却益を得ている。埼玉県に買った一軒家を95年に200万円アップの4900万円で売却。少し資金を足して東京都杉並区に5200万円の新築マンションを購入した。その後、かつて住んでいた郊外は住宅価格の下落が続いている。資産価値が下がる前に、いいタイミングで売却したことで、都心への住み替えができた。

景気には大きなうねりがある。智子さんの手法をそのまま真似ても、当時とは経済環境が違うから同じように資産が築けるとは限らない。しかし、貯蓄と投資のバランスをとりながら資産づくりを加速させること、株式市場や不動産の潮目の変化を先取りして早めに利益を確定することなど、いくつものヒントがある。

支出の管理でも、智子さんは「技あり」である。退職してから年金支給開始の60歳まで、アルバイトによる収入は年60~100万円。月10万円まで貯蓄を切り崩してもOKと決めてきた。月の生活費は15万円。これでストレスなく「楽しく暮らしてきた」という。お金がなくても楽しむ術を心得ている。

秘訣のひとつは、株主優待である。株を買うと、その会社の自社製品が送られてきたり、サービスの利用券や金券が送られてきたりするのが、株主優待。20代のころから株式銘柄を選ぶときには「株主優待」が充実しているところを選んできた。映画は、東宝から送られてくる優待券を使って楽しむ。三越は株主の優待割引で割安にお買いもの。京王電鉄からは優待乗車券が届くといった具合。株の配当金も年間12万円ほど、これで年２回は旅行ができる。

月の生活費15万円のなかで、実に文化的な生活を送っている。歌舞伎には30年来毎月通っている。とはいえぜいたくをしているわけではなく、歌舞伎座でも「幕見席」なら１０００円から２０００円ほど、浅草公会堂、国立劇場と月３回観ても１万円で収まる。

「勘三郎さんの夏祭はすごかったわねぇ」

「玉三郎さんの高尾聖は忘れられない」

話し始めると止まらない。この30年、歌舞伎の歴史に残るような名場面はすべて脳裏に焼きついている。少しアンテナを張れば、無料で聞ける講演会も無数にあるという。

いまは「お金がなくても気持ちがラク。安全で平穏」な日々だ。「貧乏だけど、人のことはうらやまない。だってお金を稼いでいる人は努力しているわけでしょう。自分が努力もしないのに、人をうらやむなんて下品なこと」とあっさりといい切る。決して無理はしていない。美学があってなんだかカッコいい生活ぶりだ。

お金は使い果たして死ぬつもり

「お金は自分のなかに全部つめこんで死ぬつもり」と笑う60代後半の照美さんは、アリとキリギリスでいえば、失礼ながらキリギリスかもしれない。とくに老後のマネープランを立てたことはなく、大手企業に勤める安心感からか、「なんとかなるだろう」とここまで来たという。

高校卒業後、関西の大手企業に60歳で定年を迎えるまで勤めた。持ち家マンションに住み、いま手元にある金融資産は８００万円ほど。退職時の年収は約６００万円で、年金の受給額は年２００万円弱。生活費が月25万〜30万円かかるため、不足分は貯金や個人年金でおぎなっている。30代前半のころに一括払いした３本の個人年金から月々の支払いを受けており、75歳までは月10万円ほど、80歳までは月５万円ほどが入る。「まあ80歳を過ぎたら、そんなにお金を使わないでしょう」とふんでいる。「もしも老後資金が足りなくなったら？　自宅を処分して施設にでも入ろうかなあ」と、先のことはさほど心配していない。

定年を迎える数年前に、68平方メートル２４６０万円のマンションを購入。頭金８００万円を用意して、ローン残債は退職金１７００万円のうち１３００万円をあてて完済した。それまで家賃10万円ほどの賃貸マンションに暮らしていたが、とくに持ち家に憧れていたわけではない。ふらりと立ち寄った新築マンションのショールームの営業マンからていねいな手書きの手紙をもらい「つい、人柄にほれこんで買ってしまった」という。現在はここで母親とのふたり暮らし。ふたつの私鉄駅まで徒歩5分以内、ＪＲの駅までも10分ほど、行動派の照美さんは便利なところが気に入っている。

手元にある金融資産は、給与天引きで貯めたもの。毎月1万円を社員持ち株制度で積み立て、社内天引き貯金も月1万円、年2回の夏冬のボーナスでは30万円ずつ貯めてきた。株式投資に挑戦したこともあるが、バブル崩壊で５００万円ほどの損失を被ったという。

加えて「いやあ、現役時代はさんざん浪費をしてきました」と苦笑いする。海外旅行や服飾費……。定年まで勤めあげたという点で働く女性の先駆者である照美さんは、消費の面でも先端を走っていた。

ハワイ旅行に最初に出かけたのはいまから45年ほど前の20代前半のこと。当時月給2万円ほどの時代に、19万8000円の旅行代金をポンと出した。ほぼ年収分である。「これを払ったら、あと1年は働かなあかんなあ」と友だちと笑ったことを覚えている。羽田空港で若い女性が大胆なワンピースを着てサムソナイトのスーツケースを引いてハワイに出発する姿は人目を引いたようで、照美さんのスナップ写真が朝日新聞のコラムに掲載された。「ちょっと行ってきますとOLがハワイに行く時代に――」そんなタイトルとともに紹介された。それから数年に1回の割合で、パリ、ニューヨーク、香港などに出かけた。絵が好きな照美さんは美術館めぐりを堪能した。

給料が出るたびに、百貨店の洋服売り場にも足を運んだ。花井幸子やマダム ジョコンダといったブランドが好みだった。素材も縫製もよくて、きちんとした印象ながらどこか流行も取り入れている。時にはジバンシィのオーダールームで1点ものをあつらえた。服地を選んで、デザイン画を起こしてもらう。総レース地で当時流行していたパフスリーブのワンピースなどぜいたくなお洒落を楽しむなか、ボーナスはほとんど消えていった。

お金が消えた理由は、消費以外にもある。おけいこごとだ。趣味で続けていた作品を発表する個展に毎年30万~50万円を投じてきた。個展を開くたびに、さまざまな人との出会いもあった。いまは数年に1回のペースとなったが、以前勤めていた会社の元同僚や友人らが訪ねてきてくれる。おけいこごとに投じたお金は少なくないが、人生を豊かにふくらませてくれたのは間違いない。

いま照美さんが手にする800万円の金融資産を多いとみるか、少ないとみるか。この金額で不安に思うかどうか。見方はわかれるかもしれない。照美さんはきっぱりと言う。

「私は自己投資をして、人生を楽しんできました。それが老後の生活にも生きています。自分で稼いだお金は自分で使い切ります」

悔いはないという姿に、潔さを感じた。

住み替えすごろく、定年後は西日の当たる部屋がいい

老後は、どこに住まいをかまえて、どんな暮らしを送るか。アラフィフのおひとりさまが3人も集まれば、そんな話題がよく持ち上がる。

「みんなでシェアハウスでもつくって一緒に暮らせないかな」

「寂しくないし、お金の面でも安心だし」

「いざというとき助け合えるしね」

そんな会話を交わしながらも、話はなかなか具体化しない。なぜなら、定年後にどんな生活をしたいか、いまひとつイメージが具体的に浮かばないからだ。そこで、都会派、田舎派、対極的な住まいを選んだふたりの現在の暮らしぶりと、ここに至るまでの住まいの変遷をみてみよう。


外資系企業で定年を迎えた潤子さん（60代半ば）は、定年退職後の2008年に自宅を買い替えた。新宿区の地下鉄最寄駅から徒歩5分ほど、100戸ほどの大型マンションの5階で約80平方メートル。築5年の中古で価格は6300万円だった。西向きのリビングからは、遠くに富士山や丹沢山系が望めて開放感にあふれる住まいだ。

リビングの横に4畳半ほどの仕事スペース。定年後にかかわるNPO法人の仕事は、事務所に顔を出す必要がなければ、ここですませてしまうことが多い。個人で受けるマーケティング講座の講師の仕事も、自宅の事務所で準備をする。夕方パソコンに向かいながらふと顔を上げると、リビングの2間の窓いっぱいに夕焼けが広がる。オレンジ色に染まった空に少しずつ墨色が濃くなっていき、その後はビルの明かりが点滅する夜景に変わっていく。遥かに望む富士山頂に太陽が沈む瞬間を目にすることもある。何とも幸せな時間だ。

60歳を過ぎて住まいを買い替えた理由は、はっきりしている。

「定年後は西向きの部屋がいいと思ったの。自宅に仕事スペースも欲しかったし」

定年後に住み替えた理由はもうひとつある。仲間に集まってもらい、ゆっくり語り合える部屋にしたかったのだ。

5月おわりのある週末、潤子さん宅にＮＰＯ法人の仲間らが集まった。ホワイトアスパラを楽しむホームパーティだ。北海道から取り寄せたホワイトアスパラを、ドイツ製のアスパラ専用鍋で茹でる。アスパラはタテにお行儀よくおさまったまま茹であがっていく。よく冷えた白ワインを片手に、思う存分堪能。ホワイトアスパラ好きの潤子さんは、シーズン中の5月から6月にかけてそんなパーティを何度も開いている。

リビングは、お気に入りの品で飾られている。最近訪れたトルコで購入した藍色がベースのタペストリーや皿が飾られ、床には由緒正しいペルシャ絨毯。居心地のいい空間に、訪れた友人らは根が生えたように座りこんでしまい、夜ふけまでおしゃべりが続いていた。

潤子さんが自宅を購入するのは、これが3軒目になる。最初は36歳のとき東京都杉並区に南向きのマンションの一室を購入した。家は南向きが一番、そう信じて購入したものの、道路に面してうるさいのが難点だった。そこで50歳を前に近くのマンションに買い替えた。今度は東向きで56平方メートルほど。バブルのころに設計された「バブル仕様」のマンションで、作りがしっかりしている。戸数は30軒弱でアットホームな感じのマンションは居心地がよかった。でも少し手狭だったこと、そして定年後は「西向きで仕事スペースあり」の部屋がいいと、歩いて数分のいまのマンションに住み替えた。ちょうど買い替えの時期がリーマン・ショックの直後となり元の持ち家がなかなか売れず、結局、5680万円で買ったマンションを3280万円で手放し「大損をしてしまった」とか。いま住宅ローンは年金で返しているが、手元資金で完済もできるので資産計画に不安はないという。

老後は都会のマンションと決めていた。医療施設にも近いし、買い物も便利。なにより都会は「脳への刺激」がちがうと思う。自治体によって高齢者向けサービスも異なるため、「どの区に住めば安心か」も検討したという。

南向きの部屋、東向きの部屋から、定年後は西向きの部屋へ。刻々と色合いが移り変わる日の入りを楽しむ、そんな時間がもてる住まいがいまは心地いい。人生のステージによって、必要とする住まいの条件も変わっていくようだ。

おにぎり型の山を望む里山に暮らす

「コンクリートの箱の中で暮らすのはもう十分」

美佳子さんがこう思って故郷四国に戻ったのは、62歳のときのこと。

最寄りの駅から車で約15分。峠を越えて国道から少し入った丘の上に美佳子さんの家はある。遠くに瀬戸内海、四国山脈を望む。稜線は丸みを帯びたおにぎり型、やわらかな山々の連なりが穏やかな気持ちにさせてくれる。夕刻ともなれば瀬戸内海に沈んでいく夕陽が一望できる。初めて訪れた日、この夕焼けにひとめぼれをして、ここに住むと決めてしまった。

庭には季節の実りを楽しめる樹木が植えられている。イチジク、枇杷、梅、桑、そして薔薇に椿。高梅から収穫する梅で毎年梅干しをつくっては、兄弟、知人に贈っている。桑の実やイチジク、枇杷の収穫も楽しい。薔薇の季節には、近所に一輪届けるとめずらしいと喜ばれるという。

暮らし始めてみると、地下水から引いている水のおいしいこと。山あり、海ありの自然に包まれて穏やかな日々を送っている。新鮮な野菜がなんでもだいたい100円。しかし買うまでもなく、玄関先に近所の農家から野菜や果物がどっさり届けられる。

野菜をたくさんもらったときには、「お福わけ」を兼ねて、友だちと会うのだとか。いただいた心を無駄にしないために食べきれないものを他の人に差し上げる、それが「お福わけ」。田舎ならではの、なんとも温かな言葉だ。

温泉にも毎日通う。高校時代の同級生が割引券をくれるので、1回400円。

物価は安いし、いただきものは多い。

「ここに住んでいたら生活費のことはほとんど気にしなくていい」

定年後は田舎暮らしをしようと決めて、長野や山梨などで探し歩いたものの、なかなかこれという物件に出会えなかった。そうこうするうちに、大阪に住む姉から「故郷なら体で覚えているもの、山の中より里山のほうがなにかと便利よ」というアドバイスをもらい、一緒に見てまわることにした。最初はインターネットで探したものの物件数が少なく、結局地元の不動産会社に案内してもらった。1日で4軒回ったうちの最後の1軒がいまの住まいだ。

金額を聞くとなんと競売物件のため500万円だという。ほぼ即決。内装を新しくして床暖房を入れ、外壁も塗り直すなど手を入れて計2000万円ほど。退職金も入れて一括で支払った。

2階建ての住まいは、1階にリビング、台所とパソコン部屋、和室、2階に3室ベッドルームがある。筍掘りの季節には、毎年高校や大学時代の友人ら団体3組くらいがくるが、十分迎えられる広さだ。

美佳子さんが家を構えるのは、これが3軒目になる。最初は大阪勤務時代に会社近くに買った小さなマンション、これは後に売却した。2軒目は東京に転勤となり、姉と一緒に住むために買った東京のマンション。これはいまも四国と東京を行き来する姉がおもに使っている。

正確にいうともう1軒ある。30歳のときに、都会の借家住まいだった女性4人で長野県の蓼科に小さな山荘を共同購入した。別荘というよりも「山小屋」といった趣の質素なもので、土地も借地のため格安。山の自然が好きだった美佳子さんは、毎年夏やゴールデンウィークはここで過ごしていた。最初の10年はリュックを背負って山を登っていき、そのあと車を買ってからは東京から高速を飛ばして山小屋に向かった。まわりには大学教授やお能の先生、雑誌編集長など多彩な人がいて、そうした人から可愛がってもらったという。

いまは田舎暮らしながら、地方色豊かな伝統芸能も楽しんでいる。最大のイベントは、毎年4月に行われる「四国こんぴら歌舞伎大芝居」。1835年に建てられた日本最古の芝居小屋を再建した「旧金毘羅大芝居」の芝居小屋で行われる。これを毎年楽しみにしている。海老蔵や玉三郎といった人気役者が趣ある歌舞伎堂で演じるとあって、東京から訪れる人も多くチケットがなかなか取れないほどの人気だ。隣の県に足を延ばせば、夏には阿波踊り。哀愁のある謡、地べたをはうような男踊りが気に入っている。

あえて難点をいうなら、いまの住まいは車の運転ができなくなったら、ひとり住まいはむずかしい。

「90歳になったら老人ホームにでも入ろうか」

すでに地元施設の下見は済ませてある。でもまだ当分先の話になりそうだ。

「貧乏ばあさん」予備軍が増えている

定年を迎えた女性たちの財布事情を紹介してきたが、ここで少し厳しい現実にも目を向けておきたい。本章で紹介した4人はいずれも正社員として働き続け、平均を上回る収入を得てきた人たちだ。自力で家を購入することができ、老後資金を用意するだけの経済的余裕があった。さらに年金受給額は現役時代の給与水準に比例するから、平均以上の年金を受け取っている。つまり、男性並みに働き、男性会社員型の資産形成ができたわけだ。

しかし、すべての女性がこうした老後を迎えられるわけではない。

会社員ならまだ厚生年金が見込めるが、非正規で働き続けた人たち、そのなかでもワーキングプアといわれる人だと、日々の生活に追われて老後資金を貯めるどころの話ではないだろう。

ひとつ気になる事実がある。いま「貧乏なおばあさん」が増え続けているのである。60

歳を迎えても生活のために働かざるをえない人が増えている。

生活保護を受ける高齢者も増加の一途をたどっている。60歳以上で生活保護を受ける人は、2001年からの10年間で約2倍に膨らんだ。その7割超を単身世帯が占めており、高齢者のひとり世帯だと貧困に陥りやすいことがうかがえる。以前は単身の高齢女性が多かったが、90年代後半から単身の高齢男性の生活保護世帯も急増しており、現在は男女約半々である。女性の場合は夫と離別・死別した人、あるいは未婚でパートなど非正規で働いてきた人が多いという。

つまり女性の場合、夫が会社員、妻が専業主婦かパートという「標準世帯」からはずれた場合、現在の社会保障制度のもとでは不利になってしまう。たとえば夫が会社員で厚生年金に入っていて、妻がその扶養家族だった場合、夫が亡くなったのちも妻は夫の老齢年金の4分の3を受けとることができる。

一方、生涯独身で働き続けた女性の場合はどうか。いまなお女性の平均賃金は男性の約7割と賃金格差がある。60歳まで働き続けたとしても、現役時代の賃金格差が、老後の年金格差に直結するのだ。

かつてなら、田舎の大家族には「いかず後家」や「出戻り」などと差別的な表現をされながらも、独身を貫いたおばあさん、離婚して実家に戻ったおばあさんが、兄夫婦などとともに実家で暮らしていたものだ。「標準世帯」からはみ出た人でも、大家族が残っていた時代には居場所があった。ところが、核家族、単身世帯が増えるなか、そうした女性が老後に身を寄せる場がなくなってしまった。

さらに、夫を亡くしたあとにひとり暮らす高齢女性も増えている。もしも自営業者の夫婦だったとしたら、夫亡きあとひとり暮らしの妻が受け取る年金額は月約6・4万円（40年加入で満額もらう場合）。月7万円弱で、高齢の女性がひとり暮らしていくのはむずかしい。こうした女性のことを、評論家で「高齢社会をよくする女性の会」の会長、樋口恵子さんは「貧乏ばあさん＝BB」と呼んで、「BB防止作戦が必要だ」と訴えている。

いま女性の2人にひとりが非正規として働いている。

厚生労働省の2012年「賃金構造基本統計調査」によると、非正規で働く女性の平均賃金は174・8万円と200万円に手が届かない。年齢が上がっても賃金はほとんど上がらず、ピーク時の30代前半でも185・9万円である。

これでは自己責任で老後資金を用意すべしというのも酷な話だ。低収入の彼女たちはいわば「貧乏ばあさん予備軍」であり、老後に貧困に陥る危険が高い。

真面目にこつこつ働いたのに生活保護を受けることに

貧乏ばあさん予備軍を、ぎくりとさせるような人に出会った。独身のまま乳児院や駅売店などで60歳まで働き続けたという70代の里美さんは、いまは生活保護を受けている。

「懸命に働き続けてきた。それなのに生活保護を受けることになるとは」

里美さんは、こう言って顔を曇らせた。

高校卒業後、家業の会社に勤めたあと、さまざまな職に就いてきた。乳児院で正社員として働いていた42歳のとき、思い切って2Kのマンションを1000万円で購入した。頭金400万円を用意して、月々の支払いは2万3000円、当時の年収は250万円ほどだったので、それほど無理のない返済計画のつもりだった。ところが、購入してまもなく、乳児院をリストラされてしまう。ここから歯車が狂い始めた。

その後は駅売店などで非正規スタッフとして働いてきた。60歳で定年を迎えたとき、思い切って貯金をはたいて住宅ローンをすべて返済した。定年後も清掃の仕事などを続け、また老後資金をこつこつ貯めようと考えたのだ。ところがここで再び想定外のことが起きる。病気で働けなくなってしまったのだ。年金額は月7万6000円ほど、都会ではとてもこれだけでは暮らしていけない。とうとう生活保護の申請をして、住宅扶助と医療扶助を受けることにした。

いまの楽しみは、妹の家族が時折誘ってくれる食事会に合流すること、そして現役時代に買ったカセットテープでクラシック音楽を聴くことだ。お気に入りの「新世界より」を聴いている時間が、なにより幸せだという。

独身でこつこつ働き続けたものの、リストラ、そして病気という不測の事態に備えるだけの蓄えはできなかった。「真面目に働き続けたのに……」と言葉をのんだ里美さんに、何と返したらいいかわからなかった。

里美さんから学ぶべき教訓は何だろう。貯金をはたいて自宅を購入するのはリスクが高いといえそうだ。とりわけ60歳で定年を迎えたときに、ローン返済のため貯金を使い果たしてしまうと、若いころとちがい想定外のできごとが起きると挽回がむずかしくなる。

里美さんが無理をして住宅購入に踏み切った背景には、日本の住宅政策のゆがみもある。

神戸大学大学院教授の平山洋介氏が指摘するように、日本の持ち家支援は、男性稼ぎ主型の世帯を中心としており、女性は結婚・夫の持ち家でセキュリティを得ていた（『現代思想』２０１３年９月号「女性の住まいとライフコース」青土社刊）。本書に登場する女性たちのように男性並みの給料を得て家を買うことができたのはごくまれな例だったのだ。

「結婚・持ち家」のメインストリームからはずれた女性にとって、住宅事情は厳しかった。高齢単身者なら公的な賃貸住宅に安い家賃で入れるが、低収入の若年シングルを支える住宅補助政策は日本にはない。結婚しない女性で収入が少ない人は、実家で暮らし続ける以外、安定した住まいを確保することができなかったのだ。しかし、なんらかの事情で実家を出ざるをえないシングル女性もいる。いまならシェアハウスという選択肢もあるだろう。しかし当時はそうした家もなく、安くて質のいい賃貸住宅に入れないから里美さんは老後の安心のためにと無理をして住宅ローンを組んでしまったのだ。

公的年金で足りない分の老後資金を用意するのは、自己責任だという意見もある。それは正論だろうが、低収入のまま年金生活に入る単身高齢者の急増を受けて住宅政策など社会の仕組みを見直す必要もあるだろう。

老後資金が不足するなら3つの対策を

老後資金が不足しそうだと思ったら、考えられる対策は大きく3つある。

第一に、とにかく「生涯所得」を上げることだ。生涯所得とは、現役時代の「生涯賃金」に年金収入を足したもの、目先の月収や年収にとらわれず、現役時代から亡くなるまで生涯通しての収入を上げることを考えたい。先に触れたように、現役時代の賃金は、老後にもらえる年金額に直結する。会社員なら現役時代にたくさん稼げば、その分もらえる年金額も大きくなる。老後の不安を解消するには、「稼ぎ力」を磨くことがもっとも有効だ。「そんなこと、わかっているけどむずかしい」という声も聞こえてきそうだ。

では年収アップがむずかしいなら、「生涯所得」を上げる方法は、もうひとつある。それは「長く」働くことだ。たとえ「細く」ても「長く」働く——、65歳、70歳と働き続けるほど生涯所得は上がる。たとえば、65歳で現役を退かず、70歳までの5年間で年平均

150万円の収入を得たとすると生涯所得は750万円アップする。年金に年150万円の収入を上乗せすれば70歳まで貯蓄取り崩しは避けられるだろう。60歳あるいは65歳から貯金切り崩しの生活に入る場合と比べると、自分で用意する老後資金の必要額は大きく変わってくる。生涯所得を上げるには、現役時代に頑張って稼ぐか、細く長くでも働き続けるか、このいずれかになる。

第二に、「生活コスト」を下げることも考えたい。日々の生活費の無駄をいかに省くかは節約本にゆずるとして、ここでは定年後の生活費大リストラ策を考えてみよう。もしも賃貸暮らしの人なら、生活コストのなかでも大きいのは住居費だろう。家賃を思い切って切り下げたいなら、引退後は海外移住、また地方移住をすることも考えられる。たとえば、引退後にバリ島に移り住んだあるシニア男性は、高級住宅地にある4LDKの一軒家に住み月10万円で優雅な生活を送る。家賃は光熱費、さらにはメイド、運転手の給料も含めて月3万5000円ほどだという。もしも現地に地縁や仕事の縁があり、やりたいこともあるなら海外移住も選択肢に入るかもしれない。ただし、医療・介護や治安の問題などを総合的に考えると、シングル女性が単身で海外移住するのはかなりハードルが高いだろう。

国内で地方に移住する方が、もう少し現実的な選択肢となりそうだ。たとえば、東京23

区で60～70平方メートルのマンションを借りると、区にもよって差が大きいが10万～23万円弱の家賃になる。同じ広さのマンションを地方都市で借りると、長野県小諸市・安曇野市、また愛媛県松山市で6万円強である（不動産・住宅サイトのホームズによる。いずれも平均値）。首都圏の都心に住む人なら、思い切って地方に引っ越しをすれば、家賃を一気に引き下げることもできる。もちろん物価が安いのも、老後の財布にはありがたい。

第三の対策としては、お金にも働いてもらうこと、預貯金に預け放しにせず投資運用をすることだ。リスク分散をしながら長い時間をかけて運用をするなら、老後資金をつくる上で投資運用は強い味方になってくれる。一度「複利運用」で資産がどう膨らむか、電卓をたたいてみよう。複利運用とは利息を再投資に回すもので、たとえば、１００万円のお金を年４パーセントで運用した場合、翌年は１０４万円のお金を元手に運用をする。年４パーセントの複利運用を続けたとすると、10年後には1・5倍に、20年後には2倍強になっている。５００万円のお金を20年の間、年４パーセントで複利運用すれば１０００万円強になるわけだ。もちろん、毎年必ず4パーセントで運用できる保証はどこにもない。どのくらいの利回りを狙うかで、取れるリスクも変わってくるから投資の勉強も必要だ。

もしも持ち家の人なら、もうひとつ老後資金の対策が考えられる。それは、自宅をお金に変える方法だ。自宅を売却して、より安い物件に買いかえれば、その差額が老後資金の足しになる。田舎暮らしをすすめるガイド本や雑誌を見てみよう。首都圏でも千葉県や埼玉県、神奈川県など都心から数時間離れたエリアでみると400万円から500万円ほどで中古の一軒家やマンションを買うことができる。自宅が1500万円で売れたとすると、1000万円の老後資金が手に入る。交通の便が悪くても気にならないなら、田舎暮らしを楽しむつもりで、自宅住み替えで資金をつくることを考えてもいいだろう。

自宅を担保にお金を借りる「リバースモーゲージ」にも注目したい。利用できるのは地価の高い一軒家や都心のマンションなどに限られるが、金融機関の基準を満たせば自宅を担保に老後資金を貸してもらえる。亡くなったあと、自宅を金融機関に引き渡すことで借りたお金を返済できる。自宅を家族に残す必要のないおひとりさまは、特に注目したいサービスだ。高齢化が進むなかで扱う金融機関も少しずつ広がっていきそうだ。

老後資金が不安なら、一度天寿をまっとうするまでの家計シミュレーションをするといいだろう。エクセルの横軸に年齢を入れて、収入と支出の見込み額を入力していく。私自身この試算をしたところ、いまの収支のまま歳を重ねると80代で家計が赤字に転落することがわかり、70歳まで働く覚悟を決めた。厳しい現実がわかれば腹がくくれるものだ。

第4章

いまだから思う、男と女、家族のこと

定年を迎えた女性たちに、60歳前後の暮らしぶりを尋ねると、実によく母親の話が出てくる。父親を亡くしてからずっと母娘ふたりで暮らしてきたこと、年老いた母をひとり暮らしの自宅に迎えた話、故郷でひとり暮らす母への思い……。

人それぞれの「母娘物語」がある。

それもそのはず、2012年の日本人の平均寿命は女性が86・41歳、男性が79・94歳、60歳前後にもなると父はすでになく残された母のことが気がかりという人が増える。生涯独身で通した人は、現在ほど実家を出てひとり暮らしというのが一般的ではなかったから、ずっと親と同居してきた人が少なくない。65歳以上の高齢者がいる世帯では、ひとり暮らし世帯、夫婦のみ世帯が増えていることは知られているが、よくよく統計をみると「親と未婚の子のみの世帯」も増えている。1989年の11・7パーセントから2012年には19・6パーセントへとほぼ倍増した（2012年「国民生活基礎調査」）。

非婚化、晩婚化が進むなか、結婚しないまま親との同居を続ける人が増えているのだ。実家で同居する子どもは、中年を迎えたフリーターやニートもいれば、独身のまま仕事を続ける女性もいる。子どもとしては結婚しないと決めたわけではないが、そうこうするうちに親の介護が始まることもある。

母との暮らしのために異動、退職も

定年が視野に入り始める50代、母親のケアのために仕事をペースダウンしたり、早期退職を考えたりする人も出てくる。

大丸神戸に勤めていた米岡満寿美さんは20代後半で父を亡くし、以来母親とのふたり暮らし、「仕事を続けられたのは、母のおかげ」だという。忙しい生活の中で、母親には食事のしたくも含めて家事いっさいを引き受けてもらった。

38歳で係長に昇進したある日、同居する母が友人に宛てた手紙の下書きを目にする。「娘が係長に昇進した」としたためる文面に嬉しさがあふれていた。「お母さん、こんなに喜んでくれていたんだ」と胸を打たれた満寿美さんは、母を温泉旅行に招待した。

ある時期、パリ勤務に応募しようかと考えたこともあったが、母親が「私も一緒に行く」といい始め、これは無理だなとあきらめた。50代後半でカルチャーセンターへの異動を希望したのは、定時に帰ることができる職場で高齢になった母親の世話をしたいと考えたことも大きい。だからといって、母親のために何かを断念したという苦い思いはない。「母との二人三脚で歩んできた人生に悔いはない」という。

外資系銀行に勤めていた智子さんが、50代前半で早期退職をしたのは「母を何とかしたかった。母と一緒に住みたかったから」というのも大きな理由のひとつだった。アパート暮らしの母親は、自宅をまさに「ごみ屋敷」にしてしまい、引きこもっていた。部屋を訪ねても「もういい、とっととお帰り」と部屋に上げてもらえない。39歳のとき、そんな母をみかねて埼玉の郊外に一軒家を購入して母を呼び寄せた。ところが1年経ったころ母はふいと出ていってしまったという。結局ひとりで再びアパートを借りて、ごみ屋敷に逆戻り。そんな母を「何とかしたかった」のだ。

退職して母を引きとり、きちんとした暮らしを取り戻してあげたいと考えたものの、母は首をタテに振らなかった。結局、母はごみ屋敷でひとり暮らしのまま突然死。自身のケアを放棄してしまう「セルフネグレクト」という症状があることを知ったのは、つい最近のことだ。「何もしてあげられなかった。ふがいない」。いまでも母のことを思い起こすと、涙がこみ上げるという。

30年会社勤めができたのも、母親が父を説き伏せて大学に行かせてくれたからこそだ。「これからは女性も手に職をつけるべき、智子を大学に行かせてください」と頼んでくれたのだ。それなのに……という思いが、いまも頭を離れない。

娘が仕事を持つことを応援してくれた母――。その人生終盤をどう見守るか、定年前後の女性の大きな悩みである。

母ひとり残されて、最後に頼られるのは独身の娘

伴侶に先立たれてひとり残された母親が頼りにするのは、やはり独身の娘である。そうした母親との距離のとり方に頭を抱える人も出てくる。ひとり暮らしの高齢の母親の面倒を誰がみるのかというと、「独身の娘だろう」という社会通念に苦しむ人もいる。

「もう待ちきれない」

故郷の長崎で暮らす母親は晩年、娘がいつ仕事を辞めて帰郷するのか待ちわびていた、

そう振り返るのは60代前半の由紀子さんだ。

「まだ帰ってこないのか」

「あと何年で定年なの」

「もう待てない」

そう繰り返した母。でも実家近くには姉一家も住んでいて面倒をみてくれるし、東京での仕事も暮らしも捨てられない。夏休みや正月休みは1週間ほど帰郷し、母を施設から自宅に引き取り介護をして、最期をみとった。自分には自分の人生がある。やれるだけのことはやった。いまではそう納得している。

60代半ばの深川幸子さんの場合、長年のひとり暮らしで生活のリズムができていたなか、50代後半で突然母親を迎えることになった。50平方メートル台のマンションはひとり暮らしには快適な住まいだったが、母とのふたり暮らしにはちょっと手狭で息苦しい暮らしが始まった。実の母娘の気軽さから、母親は何でも遠慮なくものを言う。だんだん認知症の症状のひとつである幻聴も出始めてきた。

決定的になったのは、定年を迎えて欧州ひとり旅に出かけていたときのこと。泊まりがけで母親の面倒をみてもらっていた姪からホテルに電話が入る。

「おばあちゃんが一晩中話をしていて眠れない」

このあたりから母親の認知症は急速に進み始めた。60歳を過ぎて継続就業していた幸子さんは、デイサービス、訪問介護など使える介護サービスはすべて使ったが、自宅での介護と仕事の両立は限界だった。

いまは認知症の高齢者が暮らすグループホームに入所することができ、生活は落ち着いた。元看護師の母親は「ここではたいした医療行為もできないからね」と、ときおりタイムスリップした会話でまわりをなごませる。幸子さんは週に1回は母親のもとを訪ねる。少し距離をおいたことで穏やかな気持ちで接することができるようになったという。

介護者を支援する団体NPO法人アラジン理事長の牧野史子さんによると、「実の母親の介護をする娘からの相談が実に多い」という。実の母娘だと、嫁姑と違って遠慮がなく、なんでも言えてしまう。そこで「要介護になった母親が、娘に対して過剰な要求をすることもある」というのだ。母娘でほどよい距離感を保つのは、案外むずかしい。定年前後の女性が、介護でそうした問題に直面することも少なくない。

母の「おんぶおばけ」から解放されるまで

20代、30代の働く女性向け月刊誌「日経ＷＯＭＡＮ」の編集をしていたとき、読者相談コーナーに「母娘問題」が数多く寄せられた。「30歳を過ぎてひとりで暮らしたいと思う一方、日々年老いていく両親を置いていくだけの理由がない、勇気がない」「ひとり暮らしをするものの、近くに住む母親が食事の支度も家事も全部引き受けてくれる。料理もできない娘の面倒をみることが、母親の生きがいになっている。30代半ばだからそろそろ結婚もしたいのだが」といったものだ。

あるとき回答者となったカウンセラーの信田さよ子さんは「親の面倒見がいいのは、愛情ではなく『支配』かもしれない」と指摘した。無意識のうちに子どもを束縛したり、支配したりしようとする親がいるという。すると子どもは、成人しても親のために「いい子」を演じ続けたり、生きづらさを感じたりするのだという。

母娘の密着した関係を問い続けてきた信田さんは『母が重くてたまらない〜墓守娘の嘆き』（春秋社刊、２００８年）というこわいタイトルの本を著している。おそろしいほどのエネルギーで娘を無意識のうちに支配してきた母が、ある日娘にささやく。「私が死んだら墓守は頼んだよ」と。進学先や就職先を決めるときから、結婚相手を選んで子育てをするまで、自分の思い描いた道を娘に歩ませようとする母親と、それに逆らうことができずに苦しむ娘が次々に登場する。結婚した娘一家の生活にまで口出しをする母親は、死んでもなお墓のなかから娘を縛ろうというのか……、ぞっとするような話が繰り広げられる。「墓守娘」本のなかで信田さんが想定する母親世代は、団塊の世代の女性たちだ。一見リベラルな世代のようにみえるが、女性たちの多くは就職の道が閉ざされて専業主婦となり、恋愛結婚したものの夫にも失望し、『娘だけが希望』という人生を歩むようになる。そんな母親たちが娘に対して「無邪気な独裁者」になるのだと信田さんは説く。

私自身は親に反抗ばかりしてきたので、30代を迎えても親のいうことに素直にしたがう人もいるのかと驚いたものだ。ところが、30代どころか、定年間際の50代、さらには60代を迎えても、親からの支配に縛られている人がいることが、本書の取材をする中でみえてきた。世代を問わず娘の背後に「おんぶおばけ」のようにおおいかぶさる母親はいる。外資系企業に勤めていた50代半ばの郁子さんもまた、50歳を前にして、母親の「おんぶおばけ」を背負っていることに気づくことになる。

「転んじゃったの、いますぐ来てちょうだい」

ある日、早朝かかってきた電話を受けて、郁子さんは「またか」とつぶやいた。70代半ばの母親は、郁子さんが夫と娘と暮らす自宅から徒歩5分の実家でひとり暮らしをしていた。郁子さん一家が母と暮らす二世帯住宅を出て近くに一戸建てをかまえてから、「具合が悪い」とたびたび訴え、休日深夜を問わず、ささいなことですぐに娘を呼びつけるようになった。

夫はそのたびに、少し不機嫌になった。「ヘルパーさんも頼んでいるし、ひとりですべて抱え込まなくてもいいのでは」

郁子さん自身、母親に反論もしたかった。忙しい生活のなか、毎日夕食をつくっては届けている。ヘルパーさんも妹も交代で顔を出してくれているのに、「郁子でなくてはダメ」なのだ。郁子さんはいつも言葉を飲み込んで、母のもとに駆けつけた。

なんか変だ――。そう思ったのは、管理職対象のコーチング研修を受けたときのことだった。「自分の好きなところを5つ書き出してください」と言われても何も思いつかない。社内では着実に仕事で実績を積み、部長にまで昇進したのになぜだろう。なんだか「寂しい自分」に気づいたものの、釈然としないまま研修を終えた。

問題の根っこを知ったのは、産業カウンセリングの勉強を始めたとき。自身も体験カウンセリングを受けるうちに、心の奥底に母娘問題があったことが浮かびあがってきた。

子どものころから、母親からきびしくしつけられ、母の前で泣き顔を見せることは許されなかった。いじめられて帰っても、自宅の門の前で涙をぬぐって笑顔をつくろってから帰宅していた幼いころの記憶がよみがえってきた。いつも強い子、いい子、優等生でいなくてはいけなかった。テストで１００点をとってきて当たり前、ほめられた記憶もない。母から愛される娘を演じ続けたまま成長し、思春期を迎えても反抗もできず、そして結婚出産をしたあとは子どもの面倒でもお世話になってきた。

カウンセリングを受けるうちに、その背景も見えてきた。６人兄弟の三女として生まれた母は、中学を卒業後まもなく意に沿わない人と無理やり結婚させられ子どもをもうけたものの、我慢できずに子どもを置いて家を出て、郁子さんの父親と再婚した。思うように生きられなかったのだ。

母もいろんなことにフタをしてきた大変な人生を送ってきたこと、その思いを無言のうちに託されてきたことに気づいた。しかし、郁子さんには夫と娘という大切な家族もある。カウンセラーの助けも得て自己分析した郁子さんは、ある日思い切って母に告げた。

「私は、いまの家族を大切にしたい。お母さんがいつもそばにいてほしいといっても、その希望をすべてかなえてあげることはできないのです」

50歳を前にして、初めて母に告げた「NO」という台詞だった。

郁子さんは、この日を境に少しずつ母から「自立」を果たしていった。すると不思議なことに、母の介護で優しい気持ちも芽生えてきた。「なぜもっと優しくできないのか」という自責の念も薄れていった。郁子さんが変わると、母も少しずつ変わり始めたという。

3年前、母親はついに自分で歩けなくなり、施設に入った。母の施設を週1回は訪ねる。最近陽だまりのなか、ふたりで散歩をする時間を楽しめるようになったという。

中年期はアイデンティティの再構築を迫られる時期、自分はそもそも何をしたかったのか、自分にとって大切な人とはだれか、心の奥底や人間関係を見つめ直すときでもある。その過程で「根っこにかかえながら長年フタをしてきた問題がふき出すことがある」と広島大の岡本祐子教授は説く。女性の場合、それが「母娘」問題だったりするのだ。

郁子さんは、母という「おんぶおばけ」に気づいたとき、いったんは「NO」と告げて母親から距離をおくようにした。これを機に精神的にもたれあう関係性から抜け出すことができた。いくつになっても、親子の関係性を築き直す可能性はあるようだ。

おひとりさまでも、パートナーあり？

すでにお気づきかと思うが、この本に登場する人は「おひとりさま」が多い。

現在定年を迎えている人が会社人生を歩み始めたころは寿退社が一般的だったことを考えると、それもうなずける。ただし、みな独身主義だったわけではない。

お見合いをして一度婚約をしたものの、破棄してしまったというのは、健康推進センターで働く由紀子さん。故郷の長崎に住んでいた親が「結婚しないと心配で眠れない」というのでお見合いをしたものの、今度は由紀子さんのほうが眠れないほど悩んでしまった。「親が心配しているからと結婚するなんて、そんなのはまずいでしょう」

結局お断りをした。以来何度か、仕事に行き詰まったとき「結婚して辞めたいなあ」という思いが頭をかすめたが「結婚に逃げ込むことができなかった」という。両親はその後も「まったく結婚もしないで」と折にふれてこぼしていたが、勤続20年の節目に両親を欧州旅行に連れていったら、それからピタリと口にしなくなったと笑う。

外資系企業に40年近く勤めた明美さんは、東京郊外にある実家で両親と暮らしてきた。娘が結婚しないとなげく母から「ご近所や親せきになんと言えばいいのやら」と何度言われたことか。交際相手がいなかったわけではない。でも最後は必ず「結婚したら仕事をやめてくれ」と言われてプロポーズを断ってきた。立て続けに両親を亡くしたあとは、ひとり暮らしとなり、定年を迎えて「パートナーがいるといいなあ」と思い始めたという。

結婚しなかったのには、人それぞれ事情もあるだろう。従来の常識の枠組みに収まらなかったから結婚しなかった、そうした人だからこそ企業の常識をものともせず定年まで勤めることができたともいえる。

いまではシングルのまま企業に勤め続ける女性は、めずらしくない。少なくとも都市部では当たり前になりつつある。国立社会保障・人口問題研究所の「人口統計資料集」（2014）によると、生涯独身で過ごすとみられる人の割合を示す「生涯未婚率」（50歳時点での未婚率）は1970年代から上がり続け、2010年には男性20・14パーセント、女性は10・61パーセントにまで上昇した。女性の10人にひとりが生涯独身ということになる。結婚したものの、パートナーと離別・死別した人を加えると、50代女性のシングル率は２０１０年時点で２割を超え、５人にひとりの割合だ。となると、おひとりさまで定年まで働き続ける人は、今後ますます増えていきそうだ。

「ひとりで老後を迎えるのは寂しくないか」と思うとしたら、あまりにステレオタイプな見方である。この本に登場するある人は、「まあ、みな独身といってもパートナーはいるものよ」と片目をつぶった。「そりゃあ、ときどきにパートナーはいたわよ。いまも行ったり来たりの人はいるのよ。あっこれは書かないでね」という60代半ばの女性もいた。

定年まで独身だからといって、ずっと独身とも限らない。人生１００年の時代、まだまだ出会いの機会はありそうだ。

60歳過ぎての結婚、再婚。人生のコースは多様になった

「定年を迎えたなら、結婚しようか」

モスフードサービスを60歳で定年退職した草彅希代子さんは、当時付き合っていた男性からこう言われて驚いた。40歳を目前に２人の子どもを抱えて離婚し、それ以来母親の助けも借りながら仕事を続けてきた。

「子どもがふつうに育って結婚してくれ、定年を無事迎えられてほっとした」

そうしたところでのプロポーズだ。定年を迎えて開放感にみちあふれ「さあ、時間がたっぷりある。これから楽しいのか、切ないのか、苦しいのか、どうなるのだろう」と思っていたところだったので、ひとまず返事は保留とした。そこへまもなく、東日本大震災が起きる。

「このままひとりではいやだ」

とたがいに思うようになり、結婚を決めた。お相手は、かつての同僚だった男性で14歳年下、64歳の花嫁、50歳の花婿である。

それぞれ母親とのふたり暮らしのため、週3日だけ彼が自宅に来る半同居生活を続けている。同居する母は「これで私が先にいっても、希代子はひとりぼっちにならないね」とほっとした表情を見せたという。すでに結婚して世帯をかまえているふたりの子どもも祝福してくれたとか。料理好きの希代子さんは「おいしい、おいしい」といって料理を食べてくれる人がひとり増えたことがうれしいという。「何かあっても大丈夫と思えるようになって、気持ちが穏やかになった」と静かに語る。

55歳のとき、繊維会社を早期退職した矢田淑子さんも、60歳を超えてまさか自分が結婚するなんて考えてもいなかった。きっかけは、世界一周の船旅だった。

船旅は、横浜から出港した。まずは香港に寄港し、インド洋を巡り、セーシェル諸島へ。ケニアに寄港する予定が内戦激化につき、ケープタウンに予定を変更して南アフリカ共和国へ。ナミビアに着けた後は南アメリカに舵を切る。ブラジル、アルゼンチン、南極、チリ、そしてタヒチ。南回りで計4カ月の旅である。

船旅を楽しみながら、寄港地では下船をして希望者はバスツアーに参加する。日帰りから2泊の旅などさまざまだ。費用はおよそ240万円。自由参加のツアー料金は別にかかる。費用からして、乗船するのは富裕層に限られる。「何かロマンスあるかもね」と友人にからかわれて乗船した淑子さんは、まったくそんな気はなかった。

「男勝りで色気なしですから」

船の上では時間はたっぷりある。さまざまなカルチャー教室が開かれているのをみるうちに、淑子さんは得意な麻雀で教室を開くことを思いつく。船上新聞で募集をかけたところ大盛況、淑子さんの教え方のうまさもあって、二期生、三期生、四期生と講座が続いた。

後に夫となる人は男性の友人とふたりで船旅に参加しており、寄港地で開かれるバスツアーで知り合った。とはいえ、何人か声をかけ合うグループのうちのひとりで、気の合った者同士、いつしか船上で朝日を見ながらコーヒーを飲むようになる。そして「じゃあ朝食に行くか」と連れ立つようになった。

星に詳しい夫は、南半球の星空をみなにレクチャーしてくれた。一緒に満天の星を眺めていたわけだが、ここでも別にロマンチックな気分が芽生えたわけでもない。

ただし、麻雀教室にも訪ねてくるようになった夫のほうは、淑子さんの人柄をよく見ていたようだ。初心者をどう指導するか、どんな言葉がけをするか、人柄が表れるものだ。

さて、いよいよ下船という段になり、「結婚を前提に、きちんとおつきあいをさせてください」と切り出された。13年前に妻に先立たれたあと、男手ひとつで3人の子どもを育てあげ、現在はひとり暮らしだという。残り少ない人生、パートナーとふたりで楽しみながらすごしていきたいという。

淑子さんは驚いた。20代のころ、「そろそろ結婚したら」とまわりからいわれたときは、仕事が面白くてそれどころではなかった。逆に仕事でスランプにおちいり、結婚でもしたいなあと思ったころには話はなく、そうこうするうちに50代半ばで早期退職をした。もはや結婚などするつもりはなかった。経済的にひとりで生きていける目途もついていたので、誰かに頼る必要もなかったのだ。

即座にお断りをした。

「私はいまさら奥様業なんてできません、好き勝手に生きてきたんです」

すると、こんな答えが返ってきた。

「いまのままでいい、何も変えなくていいです。一緒にやっていきましょう」

3人の子どももそろって賛成。トントン拍子に話は進んで、新郎65歳、新婦64歳のカップルが誕生した。

何も変えなくていいとの言葉どおり、夫は郊外の広い一軒家を処分して、60平方メートル弱の淑子さんのマンションでの同居を決めた。夫はいま、長年続けたゴルフもやめて、水彩画にのめりこんでいる。朝早くから夜寝るまで自室にこもって絵をかいている日も少なくない。淑子さんもまた麻雀教室の先生などで出かける用事が多いが、お互いに自分の世界をもっていて干渉はしない。

でも、大切にされていると実感する。「待ったかいがありました」という淑子さん。「夫もそういってくれています」と、ちょっと照れながら付け加えた。

長寿で定年後の人生がどんどん伸びている。結婚しない幸せ、する幸せ、どちらもあるが人生のコースが多様化していることは間違いない。

2001年に「おひとりさま」という言葉が誕生

定年を迎えた女性には、独身・既婚にかかわらず「おひとりさまマインド」が確立している人が多い。上野千鶴子さんが『おひとりさまの老後』（法研刊）で説くように、結婚していてもいなくても最後はひとり。人生の最終章を納得のいくものにするなら、血縁にとらわれず、地縁や人の縁を築くことが大切だろう。

ところで『おひとりさま』という言葉は、いつ登場したのだろう。上野千鶴子さんのベストセラーで広く浸透したが、さかのぼると２００１年にジャーナリストの岩下久美子さんが『おひとりさま』（中央公論新社刊）という本を著している。本の帯には当時はまだ聞きなれない「おひとりさま」の定義がこう記されている。

①　「個」の確立ができている大人の女性
②　〃自他共生〃していくための、ひとつの知恵
③　仕事も恋もサクセスするために身につけるべき生き方の哲学
④　individual
⑤　通常は、一人客に対する呼称
（注）シングル（独身）主義・非婚提唱・孤立・自閉・利己主義は別義

裏表紙の帯には、１９９９年２月１日に、著者の岩下久美子さんが「おひとりさま向上委員会」を設立したとある。

10年以上も前のものだが、いま見ても古びた感じがしない。おひとりさま向上委員会は「女性ひとりでの外食や旅行を応援するのが目的」とあるので、やや消費寄りであり、「仕事も恋もサクセス」を求めるかは年代にもよるだろうが、「個の確立ができている大人の女性」の新しい意識と生き方を切れ味よく提唱したものだ。

ところで2001年出版のこの本は、岩下久美子さんが本の完成からほどなくして海外のリゾート地で不慮の事故で亡くなったため、告別式のお香典返しとして参列者に配られた。岩下さんが元気だったなら、「おひとりさま」道を広めるために駆け回っていただろうと思うと残念でならない。

話を元に戻そう。

岩下久美子さんや上野千鶴子さんが説いてきた「おひとりさまマインド」をもった定年後の女性たちに、最後をいかに迎えるつもりか、そのプランを尋ねてみた。

おひとりさま、最後に頼れる人は誰か

「悪女の館」——、10年以上も前になるが、こんな名前のグループホームが企画されたことがある。独身女性の終の住まいを作ろうというもの。提案したのは、働く女性のネットワーク「悪女会」の代表橋本千枝子さん。場所はオーストラリアのブリスベン。当時会員のひとりが赴任していたこともあり、地価が日本より安いことに目をつけて建築計画書をつくり、著名な建築家に設計の内諾もとりつけていた。

残念ながら、計画は現在休眠状態。しかし千枝子さんは「女性はみんな最後はひとり。ヘルプ！　って言われたら、いつでも駆けつけるわよ」と、姉御肌らしく頼りになる台詞を口にする。悪女会では困ったときにヘルプ！　と言える人間関係を築いてきたという。

美佳子さんの場合は、備えを着々と進めている。5歳上の姉も独身のためたがいに遺言を書いて、先に亡くなったほうの遺産を託すことにしている。遺言書の書式はインター

ネットで調べて、財産の詳細な目録も5枚ほどにまとめた。不動産、着物、父親の蔵書など。お雛さまのセットは裏書を国会図書館で調べたところ由緒正しいものとわかり、これも目録に加えた。90歳くらいになったら施設に入ろうと考え、すでに下見もすませてある。

米岡満寿美さんは、80歳を迎えた先輩からもらった1枚の挨拶状が印象に残っている。「施設に入りました。ご連絡はこれでもう最後にさせて頂きます。大変お世話になりました」としたためられていた。「いさぎよいなあ」と感心。自身もどこかで節目をつけて施設に入るときは、こんなふうに立ち去りたいと思っている。

由紀子さんは、最後はやはり故郷・長崎に帰ろうかと考えている。親の介護を手がけるなかで、自分が介護を受ける立場になったら、施設か病院に入ろうと考えるようになった。姉も故郷で看護師をしており、姪は精神福祉士、医療関係の親族が多いのも心強い。すでに友人の経営する病院はどうかと目星はつけている。高校時代の友人にも「あの病院にみんな一緒に入らない」と冗談交じりにすすめているとか。東京で高校の同窓会を定期的に開いて旧交を温めるなかで、最期は故郷でというイメージも湧いてきたのだろう。

助け合いネットワークを築く、親族にはきちんと意思を伝える、最後にお世話になる施設を下見する。おひとりさまは最後までポジティブなイメージトレーニングができている。

第５章
会社を辞めて寂しくないですか？

60歳近くまで会社生活にどっぷりつかっていた者にとっては、定年後にどんな生活が待ち受けているのか心配だ。仕事仲間と毎日顔を合わすこともなくなるし、差し出す名刺もなくなってしまう。白状すると、私は仕事人間だ。夫なし子なしの身なので地域社会との接点もない。「濡れ落ち葉」と揶揄《やゆ》されることもあるシニア男性の姿は、他人事ではない。

定年を迎えた女性たちも、退職後は少々時間を持てあまし気味で、いろいろな活動を模索した人が多い。しかし、ひとたび「地域デビュー」を果たすや、その後はどんどん活動範囲を広げ、新たな人とのつながりを築いている。そのきっかけになるのは、現役時代からこだわっていた趣味やライフワークであることが多い。

本章では、定年後に「夢中になれること」をみつけた先輩たちの「アクティブシニア」という言葉がぴったりの生活ぶりを紹介しよう。ただし、この生活は「リタイア後はお金の心配なし」といえるだけの経済的基盤があることが前提になる。

ここでうらやんでいてもしかたない。いまからこつこつと定年までに基盤を築きながら、「夢中になれること」の種まきをしておきたい。種まきのコツは「人の役に立つこと」「教えられること」「表現したいこと」をみつけることのようだ。

「60の手習い」でバンドデビュー目指す

何かを始めるのに、遅すぎるということはない。夢中になれることを突き詰めていくと、自然に同好の士が集まるようだ。

東京・神楽坂でひとり暮らしをする由紀子さんの自宅は週2回、スタジオと化す。57平方メートルのマンションの窓をすべて締め切り、バンドのメンバー4人が集まり練習。ローリング・ストーンズ、エリック・クラプトンなど往年のスターの懐かしいナンバーばかり。なかでも由紀子さんが好きなのは、エリック・クラプトンの「レイラ」と、ストーンズの「サティスファクション」。

「60の手習いよ」

60歳定年を迎え派遣スタッフとして働く由紀子さんは、こう笑う。ギターを習い始めて職場の同じ年代の男性3人とともにバンドを組んだのは還暦を過ぎてからだ。

バンドの練習が終わったあとは、ミニ宴会。簡単なおつまみを作ることもあれば、デパ地下の「なだ万」などでちょっと豪華なお惣菜を買ってくることもあり、ビールやブランデーでたのしむ。ただし、由紀子さん以外の男性3人は揃って糖尿病なので、「健康管理には目を光らせている」と笑う。

ジョージ・ハリソンやエリック・クラプトンなどのビデオを繰り返し観ては練習を重ねて、バンドお披露目コンサートを目指しているが、デビューがいつになるかはまだ決まっていない。バンド仲間とは「老人ホームを演奏して回るのもいいね」と話している。

これまで大物スターが来日するたびに、コンサートに足を運んできた。ビートルズのメンバーたち、ピンクフロイド、ミック・ジャガー、エリック・クラプトン。会場で買ったストーンズのベロを出すTシャツは宝ものだ。日本ではタイガース時代から沢田研二の大ファンで、6時間半で全80曲を歌い上げた伝説の還暦コンサートにも足を運んだ。タイガースの再結成コンサートには3回通った。

「生き方も考え方もロックが好き。永遠にロック魂で生きていきたい」

由紀子さんは何歳になってもロックンローラーとして、バンド仲間と一緒にエレキギターを抱えているような気がする。

定年後にシャンソン歌手としてデビュー

資生堂を60歳で定年退職した60代前半の沖田のり子さんはいま、月1回シャンソン歌手としてステージに立つ。新宿三丁目のビル地下1階にある「シャンソニエＱｕｉ《き》」、40年以上の歴史のあるシャンソン酒場でプロの歌手として歌っているのだ。

ある晩の夜9時過ぎ、１６５センチの長身に銀ラメのロングドレスをまとったのり子さんが、客のリクエストを受けて「愛しかないとき」を歌い始めた。のり子さんが一番好きな曲だという。シャンソンには男女の愛をテーマにするものが多いなか、戦争のない平和な世界を願い人類愛を歌い上げるものだ。

「妻と子の待つ暖炉のある家に帰る、その間も兵士は泥にまみれている……」

「愛する、愛される、愛し合う、そのために私は生きている……」

のり子さんのハスキーな歌声に、涙ぐむ人もいる。歌を通して表現し続けたい、お客様に感動を与えたいと思うのり子さんが、達成感を味わう瞬間だ。

１９７０年、大阪万博の年に美容部員として資生堂に入社したのり子さんは、店頭販売を経て本社のマーケティング部に抜擢され、「ゆれるまなざし」など黄金時代の宣伝を手がけてきた。結婚と同時に大阪広報に異動、40歳を迎えたころ、大阪の朝日カルチャーセンターでふとしたきっかけでシャンソンを習い始めた。「無性に声を出したいという衝動にかられた」のだという。その後、大阪の工場勤務でカルチャーショックを味わったり、管理職登用試験に何度も挑戦しながら通らなかったりと、つらい思いを味わったこともある。「でも私には歌があるから」と、心のうちでつぶやいてきた。

50歳から夫を大阪に残し、東京に単身赴任。お客様相談センターで定年を迎えた。子どもがいない夫婦だからか、それぞれ自分の世界を持っている。「お互いにやりたいことを尊重しよう」と夫と話し合い、いまも東京でひとり暮らしを続けている。

むろんプロの歌手生活は楽しいことばかりではない。月1回ステージに立つために、歌のレッスン代、ロングドレス代、美容院代を合わせると、出演料が入っても赤字となる。毎回の「集客」にも四苦八苦している。それでも最近、もうひとつ上の夢をみるようになった。「ホテルのロビーとか刑務所とか、いろんなところで私の歌を聴いてもらいたい」

と思い始めている。

のり子さんがシャンソンに出会ったのは、40代前半のこと。最初は細く長く続けていたレッスンだったが、ふと気づくといつしか私生活の軸になっていた。

仕事以外でなにか夢中になれるものを持っている人は、定年までの仕事のアップダウンを比較的うまく乗り切っている。

そして、のり子さんのように第二の人生にすんなり軟着陸しているようだ。

学校アシスタント、麻雀講師で「地域デビュー」

独身で子育てをしないまま定年を迎えた女性は、地域社会との接点を持ちにくい。定年後の男性と同じく「地域デビュー」に苦労する人も少なくない。繊維会社を55歳で早期退職した60代後半の矢田淑子さんにとっても、それはひとつのハードルだった。

会社を辞めてしばらくは時間を持てあましていた。あるとき、自宅マンション横の小学校で、補助教員を募集していることを知る。教員資格をもっているし、退職前に田舎から呼び寄せた母親の面倒をみている自宅から近いのもいい。早速手を上げたところ、すんなり採用された。最初は算数や国語の指導補助をしていたが、そのうち当時の森喜朗首相の掛け声のもと小学校で始まったインターネット教育の指導も始めた。会社員時代は20年にわたり社員向けＰＣ教育を手がけてきたから、お手のものである。

そんな生活を楽しむさなか、同居する母親が急逝した。母とふたりの生活を思い描いて退職したのにひとり暮らしに舞い戻ってしまった。しばし立ち止まったのち、矢田さんは再び動き始めた。

「教える」ことが大好きな矢田さんは、今度は海外に行くことにした。海外の小学生に日本文化を教えるインターナショナル・インターンシップ・プログラムという企画でアメリカ・カリフォルニア州のオレンジカウンティという町に9カ月滞在し、ホームステイをしながら子どもたちに書道やソロバン、おりがみ、着物の着つけなどを教えた。身振り手振りでの会話だったが、長年の夢だった外国人との交流を存分に味わった。

挑戦したことは、まだある。四国八十八の札所を巡るお遍路さん、目の不自由な人のための朗読ボランティア、在日外国人を相手に日本語を教えるなど、いろいろなことに挑戦していまも続いているのは「麻雀教室」の先生だ。

「先生、これとこれの組み合わせでよかったのかしら」

「あらあ、私、勝っちゃったかも、先生どう？」

シニア世代の女性らが楽しそうな声を上げながら、雀卓を囲む。目黒区の目黒学園カルチャースクールで矢田さんが持つ「いきいき健康麻雀」の初心者向け講座だ。

「いきいき健康麻雀」とは、高齢者が健康的に麻雀を楽しむもの。シニア層にとっては頭の体操になるし仲間もできるとあって、いま都会では人気が高まりつつある。文字どおり、「のまない、吸わない、かけない」健康的な麻雀。矢田さんはもう10年も健康麻雀の先生役を務めている。

きっかけは、東京都品川区の区報だった。「健康麻雀講座」のお知らせをみつけて、すぐさま行動を起こした。会社員時代には男性社員と麻雀を楽しんできたから心得はある。訪ねてみると腕を見込まれ、教室を手伝ってくれと頼まれた。麻雀の国際公式ルールを教えながらスポーツとして楽しむという趣旨にひかれ、教えることも好きでどんどんのめり込んでいった。いまも品川区の教室に週1回ボランティアで通い、カルチャーセンターでは自分の教室を定期的に受け持っている。

自治体のお知らせ――、地域に入り込むきっかけは意外に身近なところにあった。地元とのふれあいを求めて、試行錯誤を重ねてきたが、いまはすっかり地元の麻雀教室の先生として根を下ろしている。

ところで、ひとことで「地域デビュー」といっても、都会と田舎ではだいぶ事情が違う。

「えっ！　自治会の入会金が20万円？」

定年後、東京から瀬戸内海を望む里山に移り住んだ美佳子さんは、地元の自治会に入るにあたって驚いた。聞けば、自治会ごとに自治会館を一軒もっており、その建設費用や維持費にお金がかかるのだという。

祭りや冠婚葬祭ともなると、自治会が一致団結してとりしきる。葬式があれば朝7時半に集合して丸2日間手伝いをする。あるとき葬式の受付をかって出たところ「ダメだ、受付はその家の顔だから、男がするものだ」と退けられ、「なるほどねえ」と思ったとか。

近所の人がいつも見守ってくれるという安心感がある一方で、ちょっとわずらわしいなと思うことも時にはあるという。

大分で竹細工修行。若手作家や名工との縁を広げる

目的をもっての地方暮らしで期間限定なら、地域社会の見え方や人との付き合い方もまた変わってくる。

60代半ばの聡子さんの場合、「55歳で早期退職をしたら、ここに行こう」と決めていたところがある。大分県別府にある竹工芸・訓練支援センター、1年の間、朝7時半から夕方4時まで、竹細工の基礎をみっちり学ぶ研修所だ。

外資系ＩＴ企業で長年人事の仕事をしてきた聡子さんは、あるとき労働省（現・厚生労働省）の機関誌でこの学校を知り「あっ、ここに行きたい！」とピンときて記事を大切にとっておいた。モノづくりが好きで、とりわけ自然素材のものにひかれていた。一度地方の暮らしを体験したいという思いもあった。

竹細工にひかれた理由は、もうひとつある。人事部で障がい者雇用の課題に長年取り組

み、他社の人事担当者らと勉強会を開いたり、全国の障がい者施設を回ったりと、業務を超えた活動を続けてきた。竹細工は障がい者の仕事に向いていると感じており、定年後もなんらかの形で障がい者支援を続けたいと思っていた聡子さんは、竹細工を学ぶことでなにか役に立てることはないかと考えたのだ。

大分では民家を一軒借りて、竹細工の修行にはげんだ。研修所のクラスメートは20代、30代の若者が中心で、いつしか料理上手な聡子さんの家でしばしば食事会が開かれるようになった。地元の若手作家や、近県の名工たちとの交流も広がっていった。

なにより大きな手ごたえを感じたのは、2012年に滋賀県近江八幡市のボーダレス・アートミュージアムNO-MAで「現代の名工　廣島一夫の手仕事」の展覧会を開いたことだ。宮崎県日之影町に住む廣島一夫氏は、彼の手になる竹細工170点が米国スミソニアン博物館に収蔵されている第一線の竹細工作家である。飯籠《めしかご》、背負い籠、炭通しなど、かつての生活に根差した日用品でありながら「用の美」をたたえる手仕事に、聡子さんはほれこんでしまったのだ。しかし、「青もの」「荒物」と呼ばれる生活用品や農機具の竹細工は、その工芸美が知られていないばかりか、プラスチック用品にとってかわられ、技の継承も危ぶまれていた。

聡子さんは、若手作家らとともに廣島さんの展覧会を企画した。会社員時代の人脈を生かし、滋賀県の社会福祉事業団や企業各社の協力を得て、大規模な展覧会を成功させ作品カタログも制作した。そのわずか半年あまりあとに、廣島氏は老衰で逝去する。

「尊敬する廣島さんの心と技を、生前皆さんにご紹介できてよかったと思います。青ものの美しさを知っていただくきっかけにもなりました」

現在は若手作家らとともにグループ展を東京で開いたり、障がい者施設に竹細工の仕事を紹介したりといった活動をこつこつと続けている。ときおり知人に頼まれて、自ら作品づくりを手がけることもある。聡子さんの竹細工は、温かみがありながら、どこか凛とした佇まいだ。聡子さんの生き方が表れているかのようだ。

ところで大分での修行を終え、東京でひとり住まいをするマンションに戻った聡子さんは、会社員時代の段ボール10箱分の仕事の資料と、何万枚もの名刺をきれいさっぱり処分したという。「大分に行くまで、どこか心のなかで仕事をまだ引きずっていたんだと思います」。竹細工の修行を経てすっきり気持ちを切り替えた。

「肩書きも職もいらない。ストレスなく自分のやりたいことのために時間を使いたい」

迷いなく自分のやりたいことはこれだといえない限り、なかなか口にできない台詞《せりふ》だ。

「日本で最も美しい村」連合に出会い全国へ、そして海外へ

足かけ40年勤めたダウ・ケミカル日本を62歳で退職した60代前半の芹澤充子《あつこ》さんが、いま夢中になっているのは「日本で最も美しい村」連合の活動だ。きっかけは淑子さんと同じく、地元の東京都府中市から届いた1枚の案内状だった。

府中市の実家で両親を看取り、ひとり暮らしをしていた充子さんは、多くのサラリーマンと同様、地元とは縁のない生活を送ってきた。まもなく60歳というある日、市役所から「地域デビュー歓迎会」という案内状を受け取る。60歳前後の市民のなかから無作為に2000人ほどを選んで会合を開き、地域での活動を促すものだ。「府中のことを何も知らないから、地元で仲間づくりでもしようか」と気楽に参加し講座で意見を述べたところ、すぐにリーダーシップがあると市の職員から見込まれ、60歳以上の市民を対象にした月例会を運営する委員会に誘われた。

二つ返事で引き受けた充子さんは、次々に新しい企画を実行に移す。府中の歴史講座や「iPad使いこなし講座」を開いたり、「京王線100周年企画」を立てたり。その姿を見た委員仲間の男性が、ある団体の活動に参加しないかと声をかけてきた。それが「日本で最も美しい村」連合の活動だ。

「日本で最も美しい村」連合は、フランスで30年ほど前に始まった活動を範とするもので、日本の農山村の美しい景観・文化を守る活動をしている。日本では現在49の自治体が登録しており、自治体とともに活動をするNPO法人だ。世界ではフランス、イタリア、ベルギー、カナダのケベック地方、そして日本の5つの国や地域が参加している。

充子さんは早速、「日本で最も美しい村」を訪ね始めた。山形県大蔵村の「棚田ほたる火コンサート」では、棚田に灯された1200本のキャンドルのもと、山に響くオカリナのコンサートに聴き入った。長野県大鹿村では、350年続く農村歌舞伎を子どもから大人まで総出でつくりあげる様子に驚き、その歌舞伎に泣いて笑って、村民の伝統を大切にする心に感じ入った。

高齢者の葉っぱの収穫で一躍有名になった徳島県上勝町では、移住した若者たちが古民家レストランを始めたり、みそ量り売りなどアイデアあふれる「村の百貨店」を経営したりするさまに目を見張った。

すっかり魅了されてしまった充子さんは、今度は美しい村の資格審査委員に挑戦し、めでたく認められた。勉強のため審査に加わった静岡県西伊豆の松崎町では、なまこ壁や棚田、日本一の生産を誇る桜葉の現場を訪ねてヒヤリングを行うとともに、「なまこ壁の文化的資産を守るだけではなく人が集うカフェなど開いてはどうか」という提案もしてきた。

美しい村の世界連合の大会にも参加し、２０１２年はフランスのプロヴァンス、13年夏はイタリアのオルチェ渓谷を訪れた。オルチェは農家でＢ＆Ｂ（ベッド＆ブレックファスト、朝食付き民宿）を始めたり、地元生産の羊肉やワインを特産品として売り出したりして、貧しい村を「美しい村」として再生させたことで知られる。おしゃれに改装された農家で、平原に放牧された羊が草をはむ様子を眺めながら、オーガニックの朝食をいただく。そうした海外の事例も学びながら、日本の農山村をもっと元気づけたいと熱く語る。

「リタイアメントしたらこんな面白いことが待ち構えているなんて！　こんなことなら、もっと早く辞めてもよかった」と充子さんは笑う。

初めての市民活動でも、ものおじしないで飛び込んでみると、どんな世界が開けるかわからないものだ。定年を迎えてたっぷり時間があるからこそ、農山村をゆっくり歩き回ることができる。海外ビジネスの経験があるからこそ、日本の農山村の良さを客観的にみて、国内外から人を呼び寄せる戦略をアドバイスすることができる。「ＶＩＶＡ定年！」充子さん。強いてたりないものをあげるなら、「美しい村を一緒に訪ね歩くパートナーがいるといいなあ」という点だとか。

心強いのは、やはり女性のネットワーク

退職後、働く女性のネットワークを立ち上げる人もいる。現役時代に苦労した経験をもとに、後輩たちをサポートしたいという思いからだ。いわば「ご恩送り」――。自分は先輩たちから育ててもらってきた、今後は自分が後輩をサポートすることでご恩に報いようというもの。先輩に恩を返すのではなく、後輩に送る、だから「ご恩送り」だ。

ある平日の午後7時、東京・銀座のセミナールームで働く女性20人ほどが、司法書士を囲んで契約の結び方についての勉強会を開いていた。「こうした契約書の書き方では、自

分が不利になるのでは」「この書式で正式なものだと認められますか」など、専門家に質問をしながら、意見を出し合う。

会合は、日本テキサス・インスツルメンツを早期退職した村松邦子さんが、友人3人と立ち上げた「野花の会」が主宰するものだ。働く女性のなかには、仕事や生活で悩みを抱え込んでしまい、ストレスマネジメントがうまくいかない人も少なくない。メディアやオンラインから得られる情報ではどれが信頼できるか判断しかねる。やはり信頼できる人との つながりが一番だ。東日本大震災のあとそんな思いが強まり、会を立ち上げた。

下は25歳から上は86歳まで、幅広い年代が集まる点がユニークだ。会社員から、研修講師、書道家といったフリーランスまで職業もさまざま。専門家を招いての勉強会を定期的に開いている。契約書の書き方ひとつとっても、表面的なスキルだけではなく「仕事がなくなる不安から無理な契約をしていたね」といったキャリアの悩みまで語り合う。実践的なテーマの勉強会を開きながら、少しずつ会員同士の信頼も深めている。

こうした会には、代表者のカラーが色濃く出るもの。村松さんは産業カウンセラー、キャリアカウンセラーの資格をもち、社会人大学院ではストレスマネジメントの研究も手がけた。そこで心理面でのサポートも得られるようなネットワークが作られているようだ。

製菓メーカー高砂屋で定年を迎えた陸田昭子さんの場合は、60歳で「妙齢塾」を立ち上げた。パートから契約社員、管理職まで経験した社会人生活をもとに、後進の女性に伝えられることはないか。そう考えて、30代、40代の女性を対象にビジネススキルをみがく私塾を開こうと考えたのだ。毎年6月に新聞で告知。いろいろな業種・職種の20人前後が応募してくれた。２００8年には、学習院大学脇坂明教授や企業マネジャーを招いてワークライフバランスセミナーも開いた。来場者は約２００人、60ページもの報告書を作成した。

還暦から古希まで、足かけ10年で塾は終了した。このほかにも有志10人で「源氏物語」を原文で読み通す勉強会を続けている。最後の「浮舟」まで約10年かかり、いまは２クール目、今度は何年かかることか。源氏の行動から、企業人として生き抜く知恵も学ぼうというものだ。

一方地方では、都会とは少し趣きの違う集まりとなる。

「うわあ、このお弁当が１０００円なの？」

目を丸くしてお花見弁当を囲んだのは、四国に暮らす美佳子さんが参加する「元気会」の女性たち。地域のシニア女性らが作る会で、ちぎり絵やフラダンスの体験会、また振り込め詐欺や健康問題の講習会など、毎月いろんなテーマで集まる。会合の終わりは、みなの手作りのおやつや軽食。美佳子さんはお手製の塩麹の漬物などを持参する。温泉を楽しんだあと、地元の大衆演劇がついて1500円など、格安で楽しめる。毎回、地元の高齢女性ばかり40人ほどが参加するもので、「教わることも多いです」と美佳子さんはいう。

「ご恩送り」で後輩にギブ・バックするもよし、地元の女性の会に跳び込むもよし。新たに人との結びつきを築くコツはなんだろう。それは「現役時代の勤務先やポストを忘れて謙虚になることだ」と、先輩たちは口を揃えて教えてくれた。

グループハウスなら寂しくない!?

おひとりさまの老後といえば「ヒト、家、おカネ」が3大不安、この3つは切っても切れない関係にある。歳をとってのひとり暮らしだと寂しいし、いざというときに心配だ。カラダが思うままに動かせなくなったときに、いまの住まいで大丈夫か。何より、おカネが続くのだろうか。そんなおひとりさまにとって、気の合った仲間と暮らしをともにしながら、いざというときに支え合うことができる「グループハウス」は、老後の住まい方としてひとつの憧れだ。

その先駆的な取り組みとして知られるのが、フェミニズムの研究者・活動家として有名な田嶋陽子さんと、故・駒尺喜美さんの提唱で2002年末に完成した女性のためのシニアハウス「友だち村」だ。伊豆箱根鉄道の修善寺駅から車で15分、伊豆の美しい自然のなかに、円形の明るいオレンジ色の建物が建つ。施設内には木のぬくもりのある食堂に露天風呂、介護が必要になった場合には介護居室のシニアハウスへの住み替えもでき、近くには共同墓まである。終の住まいとしては理想的に思える。

しかし、入居するには資金が必要だ。入居一時金は、1374万円（27・97平方メートル）から6627万円（142・53平方メートル）かかる。月々の費用は、ひとり入居の場合で管理費・食費あわせて14万円弱となる。考え方次第ではあるが、クルマがないと気軽に外出できないのは難点かもしれない。

グループハウスづくりを支援する専門家によると、ひとり暮らしの高齢者がともに暮らす家をつくる上でのポイントは「地域社会とのつながり」だという。ごく普通の住宅街のなかに溶け込むように共同の住まいがあり、そこを地域の人との交流の場として開放しながら、地縁のある高齢者がともに暮らす家ができるといいという。うまく仕組みをつくれば、高額な入居一時金はいらない共同の住まいをつくることはできる。

東京都狛江市にある「狛江共生の家〜多麻」は、そうした新しい試みのひとつだ。小田急線の狛江駅から徒歩15分、静かな郊外の住宅地に建つ2階建て14戸の共同住宅に14人の高齢者が住んでいる。女性の長寿を物語るかのように、男女比は女性が10人、男性が4人となっている。

「狛江の高齢者の暮らしをよくする会」という住民の会が、高齢者のための住まいを勉強するなかで企画発案をしたもので、市内の地主の理解を得て建設にこぎつけて2007年に完成した。活動をするなかで、「NPO法人狛江共生の家」を立ち上げ、現在もこのNPO法人が住まいの運営を担っている。

建設に当たっては、民間の住宅メーカーが高齢者専用賃貸住宅（通称、高専賃）を建てて、地主に対して家賃保証をする仕組みとした。そこで、周辺の家賃よりも少し高めとなるものの、入居時に一時金を支払う必要はない。

部屋は2タイプあり、家賃は月8万円（27・74平方メートル）か12万円（41・35平方メートル）で、共益費は月2万5000円となる。希望すれば、夕食は1食800円で地元の有償ボランティアにお願いでき、食堂で入居者とともに食べることもできる。一時金は不要で、敷金・礼金として入居時に32万円か48万円を支払う。

入居者は地元に縁のある高齢者とするため、60年前、70年前に同じ小学校を卒業したという仲間意識がある。「彼女のお姉さんと私は同級生でね」「ここは生まれ育った場所だから」と、幼いころの土地の記憶を共有している人たちが生活をともにする、得もいわれぬ共同体意識があり、これが安心感につながっているようだ。地方では当たり前かもしれないが、東京という都会でもまた、こうした地元意識が共同の住まいの運営をスムーズにしているように感じた。

ただし完成から7年がたち入居者の平均年齢は86歳と徐々に高齢化が進み、これから要介護の人が増えたときどう支え続けるかという課題も出てきた。認知症の入居者も3人いるが、集団生活が可能なうちは入居を続けることもできるという。寝たきりになっても、介護費用を自分で負担すれば、この家に住み続けてもいい。ただし24時間介護となると介護施設のほうが総費用が抑えられることもあり、介護専門の施設に移った人もいる。

数年前にこの住まいを訪ねたときに感心したのは、仕組みづくりのうまさと地域とのつながりだ。国や地方自治体から補助金は一切受けず、住宅メーカーの高専賃の建築スキームを活用し、比較的割安な月々の経費だけで入居を可能にしている。またＮＰＯ法人を設立して、地元の有償ボランティアが夕食づくりを手がけたり、地元の人との昼食会を毎週開いたりするなど、地域社会とつながる工夫をしている。高齢者の共生の家を考える上で、ひとつのモデルといえそうだ。

他にも、新しい事例は出てきている。あるＮＰＯ法人は、都内の空き家を改修して高齢者の共同住宅につくりかえてしまった。全国で急増する空き家に着目すれば、おひとりさまの共同住宅にも、新しい選択肢が加わるだろう。知恵を絞れば、おひとりさまグループハウスの設計図も広がりそうだ。

第6章

60歳過ぎてもできる仕事、だからこそできる仕事

60歳過ぎの継続就業は甘くない

60歳で定年を迎えても、希望すれば65歳まで働ける時代になった。２０１3年4月に「改正高年齢者雇用安定法」が施行され、企業に65歳までの継続雇用が義務づけられたのだ。改正法の施行を待たず、すでに大手企業の多くは65歳まで働ける制度を導入している。

職場に愛着があり健康でまだまだ働けるという人、老後資金に不安があるという人にとっては朗報だろう。ただし、65歳までの継続就業はバラ色ではない。

まず給与はガクンと減る。一般的には定年前の6割ほどになる。給与水準が高かった人だと3分の1ほどになる人もいる。管理職の場合は一般的に、肩書きがはずれて現場の一スタッフに戻る。元部下が上司になる、というケースもめずらしくない。責任ある仕事を任されていた人は、仕事の変化に戸惑うことになる。

関西の中堅メーカーで製品管理部長に就いていた照代さんもまた、60歳を過ぎてからの継続就業では「自分に引導を渡すまで葛藤の日々だった」という。

「えっ、この人が後任ですか？」

60歳定年で部長をおりて一スタッフに。後任が発表されたときに唖然とした。照代さんからみると、どう見ても部長にふさわしい人材とは思えなかった。不安は的中した。照代さんが長年かけて築いてきた大切な仕事がどんどん「壊されていった」という。

会社の予算に合わせてダウンサイジングしながら続けてきた社員向け研修レポート、顧客の声を分析しながら経営層に上げる分析システム……。もはや一スタッフとなったからには、新任部長にしたがわなければいけない。

「まだできる」

「もう引きどきだ」

自問自答した末に2年後に退職を決めた。あと3年働けば生涯収入は1000万円ほど上がるという数字が頭に浮かんだこともあったが、我慢の限界で「このままでは自分らしく生きられない」と思ったのだ。

引退を決めたのは、長年目をかけてくれた会長が完全に退いたことも大きかった。照代さんは、常に会社のなかで「欠けている機能」を見つけ出しては会社に提案をして、ニッチな分野で社内起業家のように生きてきた。会長は社長時代からそんな照代さんの提案を懐深く受けとめてくれたが、そのうしろ盾がなくなり、「もはやこれまで」と思ったのだ。

65歳までの継続就業を、3年を残して打ち切った照代さんは、再就職の道を探った。シニア層の再就職は、一般的に企業規模がより小さいところへの転身となる。仕事の分業が進む大企業に比べると中小企業ではひとり何役もこなさなければいけない。そうした中小企業の文化になじむよう頭を切り替えるのは、なかなかむずかしい。「条件が違う、話が違う」というトラブルも起こりがちだ。照代さんもまた、少し苦労をした。

退職後まもなく、「まだできるんじゃないの」という友人の誘いに心が動いて、あるサービス会社に社長のブレーンとして入社する。「次の仕事がない、ということにプライドが許さなかったのかもしれない」――。振り返ってみると、こんな心持ちだったようだ。というのも、入ってすぐに後悔したからだ。社長の知恵袋というのは単なる誘い文句で、実際には出来高払いの営業をやらされることになる。再びプライドが傷ついた。「そこまでしてお金が欲しいわけじゃない」と、ほどなくして会社を辞めた。

その後は、カウンセラーの仕事を手がけてみたり、カルチャーセンターに足を運んだりと模索したものの、どこかしっくりこなかった。

照代さんの場合は中途入社で、自ら道を切り拓いて部長職を手にした。そうして築いてきた仕事が、60歳の定年後に「壊されていく」ことに我慢ができなかったのだ。

定年後に元の職場にとどまるなら、発想を切り替えないと続けられない。とはいえ、シニア社員には40年近くかけて築き上げてきた仕事に対するプライドもある。どう「折り合い」をつければいいのか。シニア雇用を進めるなら会社はどんな仕事を用意すればいいのか。個人も会社も、それぞれが答えを探していくことになる。

継続就業を経て、さらに会社をつくってしまう

定年後に会社をつくって長年勤めた会社から業務委託を受ける――。60歳をすぎて、そんな働き方ができたら理想的かもしれない。

それを実現したのが、花王で定年を迎えた60代半ばの深川幸子さん。ただし、そんな働き方を「棚からボタ餅」で手にしたわけではない。花王人生の総仕上げにと、50代半ばを

迎えたころ新プロジェクトを会社に提案した。定年退職後の「将来」の仕事にもつながれば、という思いもあった。しかし事業部長、常務取締役と十数回にわたって提案したものの「大切な仕事だけど、まだその時期ではない」と退けられた。最後には上司の許可を得て社長に直接提案をして、ようやく認められた。そのプロジェクトをいまも手がけている。

構想5年、定年間際になって動き始めたプロジェクトとは、消費者のオピニオンリーダーともいうべき専門家を束ねる仕事だ。「健康・栄養・消費者問題の専門家ネットワーク」づくりである。40代半ばから広報畑を歩むなかで、管理栄養士や保健師、医師・看護師らといった専門家に自社製品の情報を伝える必要性を痛感してきた。たとえば、メタボリック対策に効果が見込める食品情報を、管理栄養士や企業の健康管理室の看護師にいかに理解してもらうかで消費者への浸透度が大きく違ってくる。「健康にかかわる専門家をネットワーキングして情報提供する」ことは、社会的意義もあるし自社の利益にもなると、経営陣に繰り返しプレゼンテーションしてようやく実現にこぎつけたのだ。

新プロジェクトの意義は、思いもよらない事件で証明されることになった。60歳定年を迎えて再雇用されてまもなくのこと、食品成分の安全性が問われる問題が起こった。「おたくの商品を信じていたのに裏切られた」というクレームが1日に16万件も寄せられ、社内の電話回線はパンク。新聞・テレビ、雑誌などメディアでも大きく報道された。幸子さんは、専門家ネットワークに当たりながら、問題となった成分が海外ではどのように扱われているのか、社外から問い合わせが入ったときに答えるべきポイントは何かをすばやく整理した。1年後にはこれを報告書としてとりまとめた。

3年目を迎えたとき、幸子さんは継続雇用終了を見すえて会社側に「いまの仕事を業務委託で続けられないか」と提案した。WEB上で会員登録する専門家は1300人に上り、事務局運営には専任スタッフが必要になっていたのだ。これが認められて完全リタイアした後も会社の一角に席を設けてもらい、週4日は出勤している。

幸子さんの提案した仕事は、まさに「定年後にぴったりの仕事」といえる。人脈や経験が必要なものの数字で成果が表れにくい、しかし長い目で見て意義のあるプロジェクトにシニア社員ならじっくり取り組める。現役社員の仕事を奪うことなく会社に貢献できる、こんな仕事こそシニアが担うべきものだろう。ただし、幸子さんが実現した定年間際の「社内起業」は難易度が高い「ウルトラ技あり！」――。誰にでもできるものではない。

シニア層におすすめの「ゆる起業」

60歳を過ぎて起業する人は増えている。

中小企業白書をみると、起業家のなかで60代の占める割合は2007年の時点で27パーセント、10年間で6ポイントも上昇している。50代と60代を合わせるとシニア起業家が全体の4割を超えている。とはいえシニア起業家の大半は男性で、定年を迎えた女性が起業をする例はまだ少ない。

2008年に27歳の若さでシニア層向けの起業支援会社を立ち上げた銀座セカンドライフ社長の片桐実央さんによると、男性は「定年前の前職の経験を生かした」起業を模索する一方で、シニア女性は「趣味とビジネスの境目」といった起業が多いという。

たとえば、愛犬家向けに動画制作やビーズ人形づくりを始めた人、手作りのヨダレかけが好評でこの販売を始めた人などだ。趣味のカラーセラピーや踊りを教えたいと、教わる側から教える側に回って教室を立ち上げる例もある。もともと専業主婦だった人が家族など周りの支援を受けながら起業するケースが多いという。

シニア女性のなかで「前職のビジネス経験を生かしての起業」が少ないのは、いうまでもなく、何十年と会社勤めをした女性が少ないからだ。今後、企業で実務経験を積んだ女性が増えたら、男性型のシニア起業も増えるかもしれない。

銀座セカンドライフでは、事業プランづくりから法人登記まで支援し、レンタルオフィス事業も展開、起業を考える人に対するカウンセリングも行う。相談の約半数は意外にも「起業をしたいが、何をしたらいいかわからない」というものだという。片桐さんは親ほど、いや祖父母ほど年齢の違うシニア層に対して「ご自身の強みはなんでしょう」とカウンセリングをしていく。30年、40年の仕事経験があるものの「自分なんか」という人が少なくないという。

しかし、カウンセリングを受けたり、起業家の交流会に参加して情報収集をしたりするうちに、しだいに「自分の使えるもの」が見えてくるとか。

たとえば、人事、総務や品質管理など、広く浅く業務を経験してきたという人で、起業するほどの専門性がないと悩んでいる人がいた。そうした人でも、強みはある。

「いろんな分野を手がけてきたなら、業務の全体像がわかるはず。それを生かして中小企業にコンサルティングをしてはどうでしょう」といったアドバイスをしたという。

定年を迎えてから起業の準備を始めるのではなく、在職中から少しずつ準備を始めることを片桐さんはすすめている。ビジネスプランを描いて、テストマーケティングをしてみれば、自分の適性もわかるし、収支計算の甘さも見えてくる。顧客の見込みリストを作ることにもつながる。

シニア起業は、無理をしない「ゆる起業」でいいというのが、片桐さんの提案だ。

とくに60代を迎えての起業の場合、年金に少し上乗せする収入が得られればいいという人が多い。

「楽しく、やりがいを感じ、経験を生かし、利益を追求せず、健康第一で仕事をする」というのが、ゆる起業の条件だ。

定年後にＩ《アイ》ターン起業、野菜カフェを開く

仕事を通して社会とつながり、経験を生かして社会に貢献できるという充足感がモチベーションとなる。定年後、高知で野菜カフェをオープンした60代前半の羽澄愛子さんは、まさにそうした「ゆる起業」を実践したひとりだ。

愛子さんは食品関連会社で定年を迎えたあと、高知の農業大学校で半年間修行し、2013年9月はじめに「Vege cafe 愛ちゃん家《ち》」を開業した。四国出身ながら高知に地縁はないから「Ｉターン起業」である。

高知駅から特急で約1時間、四万十川方面への乗り換え駅である窪川駅の駅前に「愛ちゃん家」はある。店正面には、東京のデザイナーが作ったという愛子さんの似顔絵入り看板、一歩店内に入ると白基調のモダンでシンプルな内装だ。営業は朝7時半からのモーニングと、ランチ。朝はトーストに色とりどりの野菜をたっぷりつかったサラダに目玉焼

き、コーヒーもしくはフレッシュジュースがついて450円。ランチもまた、地元の野菜をたっぷり使う。ある日のメニューは、ニラの白和えにジャコと万願寺とうがらしの味噌いため、ゴーヤの酢漬け、これにかぼちゃのスープとご飯がついて500円とお手ごろだ。

モーニングは近くのお年寄りや出荷を終えた農家の人が立ち寄る。狙いどおり、近隣の高齢者の憩いの場になりつつある。昼は会社員のほか、乗り換え時間待ちの観光客らが訪れ、青春18切符片手の若者との語らいもまた楽しいという。

愛子さんの場合は「シニア起業」かつ「Iターン起業」――一見リスクが高いようにみえるが、実は手堅い。順調な滑り出しができたのにはいくつかの理由がある。

ひとつは、お金の面で無理をしていないことだ。シニア起業の場合、大きな投資をしても万が一失敗すると挽回がむずかしいから、資金計画で無理をしないというのもポイントになる。愛子さんは年金で十分生活できるから「お店は収支とんとんでも大丈夫」とゆったりかまえている。

1日の来店客は20人ほど。調理からサービスまで、すべて愛子さんひとりで切り盛りをしている。店を開くにあたっては、四万十町商工会が募集する「食のチャレンジャー」に応募した。見事、1回目のチャレンジャーとして選ばれて、店舗の改装費や家賃の一部補助が得られた。そこで自ら負担した開店費用は食器の購入など30万円弱で収まった。商工会から家賃補助もでるため、店の家賃の自己負担は月2万円、裏手に借りている2階建て一軒家の家賃3万5000円とあわせても、月10万円あれば生活費はおつりがくる。店で使う野菜は、農業大学校時代の仲間からの「さしいれ」も多く助かっているという。

成功理由のふたつめとしては、50代から自分なりのテーマをもって少しずつ動き始め、自然な流れで事業案を固めていったという点だ。

40代で夫を亡くし、ひとり息子を社会に送り出した愛子さんは、定年後は「興味のある食の分野で、何か面白いことができないか」と考えていた。55歳のころには早期退職も頭に浮かんだが「何とか我慢して60歳定年を迎えた」と苦笑いする。

50代後半を迎えたある日、インターネットで「食」「農業」などをテーマに検索していたところ、高知県主催の農業講座が東京農業大学であることを知り参加した。さらに高知での2泊3日の農業研修にも手を挙げた。これをきっかけに、会社を辞めたあと四万十町の高知県農業大学校窪川アグリ塾に入学することにした。61歳にして初めての寮生活を送りながら、半年にわたり野菜づくりをみっちり学ぶ。

「農業の力仕事は、女ひとりにはちょっときついな」

と思った愛子さんは、野菜のおいしさを伝える側に回ろうと、野菜カフェの開業を思いついた。いったん東京に戻って、野菜ソムリエの資格もとった。農業大学校でともに学んだ若き友人らも、店の改装などに汗を流してくれたという。

3つめとしては、高知のオープンな気質が挙げられる。高知県は「よそ者に優しい」といわれる土地柄で、さらに女性社長比率全国2位と女性が新しいことにチャレンジする土壌もある。地元商工会の起業支援に、東京からきた愛子さんが選ばれたあたりに、そうした文化風土がうかがえる。

さて愛子さんは早くも次の夢を思い描いている。「食のチャレンジャー」として地元に貢献したあとは、いずれは古民家でも借りて野菜づくりをして「農家レストラン」を開きたいという。

女性の起業は、「好きなこと」を動機とすることが多く、小規模な個人経営で収入も少ないケースが多い。こうした傾向が否定的に語られることもあるが、シニアならこんな「生きがい起業」こそぴったりではないか。

「食」という自分のテーマを追求しながら町を元気にする愛子さんのようなシニア起業家が増えると、地産地消の温かな循環サイクルが生まれるように思う。

お金のために働かざるを得ない

定年後は、もらえる年金額や現役時代に用意できた老後資金の多寡によって、生活の景色はガラリと変わる。

定年を過ぎても「お金のために働かざるを得ない」女性は、決して少数派ではない。2012年の就業構造基本調査をみると、直近1年で定年退職した女性のうち、その後も働いている人は2割弱で、残り8割の働いていない人のうち4割が就業を希望している。その理由として4割強が「失業している」「収入を得る必要が生じた」と切実な理由をあげる。つまり定年退職をした女性の15パーセント強が「働かざるをえない」経済的事情を抱えて職探しをしていることになる。

長らく非正規雇用の身分で働き、老後資金を貯める余裕もなかったという人にとっては、引退という選択肢はない。東京都北区に住む70代後半の仁子さんもまた「体が動く限り働き続ける」という。

仁子さんは女学校を卒業後、花形職場だった大手銀行に就職する。しかし出征した父にかわって一家の大黒柱となった仁子さんは、家族を養うために給料の高かった飲食業に転職した。その後は独身のまま勤め先を何度か変わり、30代から70代前半まで日本料理店に勤めた。最後に勤めた店では月収16万円、ひとり暮らしで貯蓄はほとんどできなかった。

料理店を辞めた後は、マンション共有部分の清掃の仕事などを続けている。毎月の収入は年金が約6万円、清掃による収入が2万円で計8万円。これでアパートの家賃4万円強などすべての生活費をまかなっている。アパートの両隣は生活保護を受給しているが、仁子さんは「申請するつもりはない」と淡々と語る。生涯を通して自ら稼いで家族を支え、自立して生きてきた、そんな矜持の感じられる凛とした表情だった。

両親はすでになく家族は妹がひとり、妹もまた近隣の区でひとり暮らしをしている。年に1回、区の保養所に妹と一緒に出掛けるのがささやかな楽しみだという。

仁子さんが仕事を紹介してもらうのは、区のシルバー人材センターだ。シニア層に仕事を紹介する団体で、全国に支部を構える。現在の登録者数は74万人ほどで、うち女性は3割ほど、平均年齢は約70歳だ。仲介する仕事は、地域の人たちから依頼がある清掃や庭木の剪定、マンション管理といった軽作業が多い。週2、3回それぞれ半日ほど働くと、月4、5万円の収入になる。

同センターは本来なら、高齢者に「生きがいのための就業」を斡旋する団体である。しかし2008年のリーマン・ショック以降、「ハローワークに行ったものの仕事がなくて、シルバー人材センターに来た。仕事がないか」というシニア層が出てきた。月数万円から5万円ほどの収入があれば、年金では不足する生活費を補える。そんな仕事を仲介する仕組みを、これからはもっと拡充する必要があるだろう。

元管理職などおくびにも出さずパート仕事

お金に困らないシニア層なら、シルバー人材センターからの紹介でまさに「生きがいのための仕事」に就くことができる。定年後に故郷の四国に戻った美佳子さんもまた、健康のためにも働きたいと地元のシルバー人材センターを訪ねてみた。紹介されたのは市役所出張所の事務補助の仕事で、もう7年も続けている。

里山にある市役所出張所には、実にいろんな電話がかかってくる。

「イノシシが畑を荒らす、何とかしてくれないか」

「あそこの国道で、犬が死んでいる。処理してほしい」

「近所の人が休日に国旗を掲げて、はためく音がうるさくてしかたない。注意してくれ」

「首輪のついていない犬がうろうろしている。子どもに悪さしたら困る」

美佳子さんは、今日も電話口でつぶやいた。

「はああ、いろんな人がいるもんだ」

仕事内容は、市民からの要望に対応したり、亡くなった人の遺体焼却証明書を発行したりするものだ。一番緊張したのは、火事を知らせるサイレンを鳴らす仕事だった。基本的には市の職員のアシスタントだから、なるべくでしゃばらないようにしている。その一方、若い職員をさりげなくサポートするなど気配りもする。コピーひとつ取るにしても、地色の濃い資料ならコピー設定を細かに変えて読みやすくするなど、すべての仕事に頭を使う。

アシスタントの仕事は定年退職者4、5人でローテーションを組んでいる。美佳子さんが出勤するのは、月2、3日。日給5000円だから月に1万~1万5000円の収入になる。こづかい程度の収入だが、メリットがいくつもあるという。月数日でも仕事をしていると生活に緊張感が生まれ、出勤する日は服装にも気をつかう。職場に行けば、若い職員と話すこともいい刺激になる。なにより「いろんな電話を受けて、社会の成り立ちがわかってきた」ことが面白いという。

仕事を始めるときには、かつての勤務先は契約書類に書いたが、元の役職はあえて書いていない。大手企業の子会社とはいえ「元部長」と書いては、地方ではかえって敬遠されると思ったからだ。

現役時代の肩書きをはずしてみれば、意外に地域の中に仕事はあるもの。ところが男性は一般的に肩書きを外すのが苦手らしい。初対面の挨拶で「現役時代は○○商社で部長を務めていました」などとつい口にしてしまう。地域の集まりや趣味のサークルでも、定年までどこに勤め何をしていたか、前職の肩書きがわからないと会話が始められない人が多いという。その点、女性のほうが柔軟だ。そもそも人間関係で上下を重んじる「タテ男」に対して、女性はネットワークでつながる「ヨコ女」が多い。定年後、地域密着の仕事を始めることに抵抗が少ないようだ。ただし、美佳子さんは40年間、どっぷり企業社会につかりタテ社会の中で戦い続けてきた。それでも、するりと鎧を脱ぐ柔軟さはあっぱれだ。

ボランティアで「必要とされる人」であり続ける

何のために働くのか、なぜ働くのか。「働く」ことの解釈には諸説あるが、そのうちのひとつが、「傍を楽にすること」というものだ。もしも定年後の収入を心配しなくていいのなら、傍を楽にするため、誰かのお役に立つため、それだけに特化したボランティア活動もできるだろう。

大手銀行を55歳で辞めた恵美子さんの場合、親を看取ってひとり暮らしになってから、ボランティアを始めようと考えた。

「パーキンソン病の母は、10年以上皆さんのお世話になった。これからはそのお返しをしよう。自分も年をとったらお世話になるだろうから元気なうちにできることをしよう」

そこで、聴覚障がい者のために字幕をつける資格をとろうと、大阪府の講座に通った。志が同じ仲間ができたことも楽しいし、なにより人の役に立っている、喜んでもらえると思うと嬉しいという。

「社会のなかでの自分の存在意義も感じられる」

と恵美子さんは落ち着いた口調で語る。情けは人の為ならず、という言葉が頭に浮かんできた。

もしも語学力があるなら、ボランティアの舞台は海外にも広がる。シニア層を海外ボランティアとして送り出す団体はいくつかあるが、費用は自己負担というところもある。そのなかで現地の生活費支給や住宅の用意など派遣体制が比較的整っているのが、国際協力事業団（JICA）の「シニア海外ボランティア」だ。40歳から69歳で専門分野を持ち、語学も堪能なスタッフを毎年発展途上国に送り出している。シニア女性の派遣は3割ほどで、日本語教師や看護師、ソーシャルワーカーなど教育・医療・福祉の専門職種が多く、企業で専門性を身につけて専門家として派遣される例はまだ少ないという。

外資系で人事畑を30年ほど歩んできた聡子さんは、その数少ないひとりとして太平洋に浮かぶオセアニア国家のひとつ、ミクロネシア連邦に大統領補佐官のアシスタントとして約10カ月間派遣された。たまたま知人の紹介で、ミクロネシアに風力発電を導入するプロジェクトで通訳を務めたことがあり、それがきっかけとなり応募したという。

おもな仕事は、政府や日本大使館、日本企業との仲立ちをすることだった。さらに独自にプロジェクトも立ち上げた。もっとも小さな島に観光客を呼び寄せようと、グリーンツーリズムや島の料理でもてなす観光モデルを作り上げた。海と森が最大の魅力で「あとは何もない、何もしない」ことが最大の観光資源という提案をした。敬虔なクリスチャンの土地柄のため週末は海に入ることすら禁止されている。これを逆手にとった観光プランである。さらに、女性センターを立ち上げようとする州では、人事部での長年の経験を生かして女性の就業研修のプログラムを作ったり、お土産品の生産プランを立てたりもした。

現役時代の社外ネットワークも存分に生かした。電機メーカーのラグビーチームの友人らを招いて、地元の子どもを対象にラグビー教室を開いた。また、日本人観光客と現地の人と一緒になって島をきれいにする「ごみ拾いキャンペーン」も展開した。

民間企業の経験や人脈を生かしての仕事ぶりが、現地で歓迎されたのはいうまでもない。

地元の障がい者や高齢者のために地道に活動をする恵美子さん、海外で途上国を支援する聡子さん、共通するのは「互助」の精神が強いことだ。元気で人のお役に立てるうちは何かできることはないか、そんな気持ちで地域や世界を見渡してみると、できることはたくさんある。会社を辞めても「必要とされる」のは、なにも特別な人ではない。

70歳まで働くのが当たり前の時代がくる

70歳まで働くのが当たり前――。

10年後、少なくとも20年後にはそんな時代がくると思う。

いま「老後」の定義を見直さなくてはいけない時期を迎えている。

定年を境に現役を引退して「余生」に入るとしたら、天寿をまっとうするまでの余生はどんどん長くなっている。２０１２年の平均寿命をみると女性は86・41歳、もしも60歳まで働いたなら、それから26年間の「余生」が待っている。

年金制度の変遷をみても、余生の意味合いが大きく変わってきていることがわかる。年金の支給開始は、かつては55歳からだった。１９５７年から段階的に支給開始年齢が引き上げられていくが、そのころの男性の平均寿命は約63歳。当時の定年は男性55歳だから、現役を退き年金をもらい始めて10年もたたないうちに亡くなったわけだ。それがいま、65

歳で年金をもらい始めるとすると、男性で20年弱、女性だと20年超も年金生活を送ることになる。

高齢者の多くは公的年金だけでは老後資金をまかなえず、不足分を補うために貯蓄を切り崩している。もしも、おひとりさま女子だった場合、25年から30年の余生を、ひとりで暮らしていくだけの老後資金を現役時代に自力で用意するのは、かなり厳しいだろう。

国の財政事情をみても、高齢化が進むなか年金の財源が危ぶまれている。今後は年金支給額が現在の水準の2、3割減となると見込まれる。また欧米では年金支給開始を67歳に引き上げると決めたところもあり、日本もまた引き上げの議論は避けられない。支給年齢が引き上げられると、老後資金を潤沢に用意できないなら働き続けるしかない。より長く生きるなら、より長く働く――。健康な人にとっては、これが高齢化社会を生きるうえでの鉄則となるだろう。家計が安定するだけではなく、精神面でのプラスも大きい。仕事に見合った対価を得る仕事だと緊張感が生まれるし、社会から必要とされているという実感も得られる。

生涯現役で知られる聖路加病院の日野原重明さんが立ち上げた「新老人の会」では、65歳から74歳までは「ジュニア会員」、75歳以上になりようやく「シニア会員」になるという。65歳で高齢者の仲間入りという定義に異を唱える日野原さんの提案に、大賛成だ。65歳ではまだジュニア、75歳を超えてようやくシニアの仲間入り、そのくらいの心持ちで生涯現役を目指してもいいのではないか。

もしも健康ならば70歳くらいまで働くと覚悟を決めてしまったほうが、すっきりする。少なくとも70歳までは貯蓄切り崩しをしなくてすむだけの収入を得ることを目標としてはどうだろう。年代によって年金の支給開始年齢は違うから、人によっては65歳からは年金に上乗せ分の月数万円の収入でいいかもしれない。あるいは70歳くらいまでフルタイムで働かないと老後資金が足りないという人もいるだろう。

これからは、シニア層にも多様な就業形態を用意する必要がある。週5日フルタイム勤務だけではなく、週数日、短時間勤務で働く、数人でひとり分の仕事をわかちあう「シニア・ワークシェアリング」のような働き方も考えられる。働きたいシニア層と職場をつなぐ高齢者向け人材派遣・紹介ビジネスもいま注目を集めており、これから市場が膨らんでいくだろう。

70歳くらいまで働いたほうがいいとする理由は、ほかにもある。いまや全人口の4人にひとりが65歳以上（高齢化率が24・1パーセント）の時代を迎え、２０２５年には高齢化率が30パーセントを超えると見込まれる。現在は高齢者ひとりを生産年齢人口の2・6人が支えているが、10年後には2人を切る見込みで、「騎馬戦」から「肩車」になるといわれている。これでは現役世代の負担があまりに重すぎる。

超高齢化社会に向かうなか、元気な「アクティブシニア」が活躍しないと立ちゆかなくなる。その活動の場は仕事ばかりではない。ボランティア活動の担い手としても地域で期待されている。たとえば、シニア会員組織で元気なシニアが同世代をケアする世代内扶助を行う組織、シニア層がボランティアで乳幼児預かりを行う組織などがすでにある。元気なシニアなら、支えられているのではなく支える側に回らないと、超高齢化社会の日本は沈没してしまうだろう。

60歳をすぎてもできる仕事、だからこそできる仕事とは何か。会社任せにせず、自分自身でも50歳を迎えるあたりから、キャリアの棚おろしをしながら考え始めたい。

エピローグ

変わる定年、60歳からの景色はどう変わる?

これから10年、シニア世代の働き方は大きく様変わりするだろう。10年後といえば、均等法世代の女性たちが、そろそろ60歳を迎えようというころだ。２０２０年の東京オリンピックの喧騒も終わり、高齢化率は30パーセントを超えている。３人にひとりが高齢者という社会で、定年をめぐる景色もまた変わっているはずだ。60歳を迎える女性たちは、どんな働き方をしているのだろう。大学の同期４人の女性たちの未来予測図を描いてみたい。

「均等法世代」の女性たち、60歳の未来予測図

東京オリンピックも過去の話になりつつある２０２４年春、大学同期の仲良し４人組が還暦を迎えて、久しぶりに「女子会」を開いた。

「女子会って言葉、10年くらい前に流行ったよねえ。何歳になっても女子は女子。今日はさしずめ『還暦女子会』ってところかな。みんな変わらないね」

多少容姿が変わったと内心思っても「変わらない」というのが礼儀というものだ。４人

は早速、近況報告を始めた。

ナツコは総合職一期生として、ある金融会社に就職した。10年ほど前、当時の安倍晋三首相が提唱した「女性の力をもっと引き出し、経済活力を増す」との方針のもと、勤務先が女性役員登用に力を入れ始め、部長職だったナツコに白羽の矢が立った。50歳で執行役員に、そして53歳で取締役に就く。「女性だからってゲタをはかされてさ」という声がずいぶんと耳に入ってきた。自分でも「同期の男性より優秀かというと……微妙だな」と思ったものの、昇進には運もある。やっかみは意に介さないと決めてきっちり実績をあげて、常務、専務へとひとつずつ階段をのぼり、なんと1年前に初の女性社長に就いた。業界初とあってメディアも大騒ぎ、国内ばかりか海外からも取材が殺到した。ナツコは数年前から世界中から政財界のリーダーが集まるダボス会議に毎年出席しており、そこで知り合った経営者からもお祝いメッセージが次々寄せられた。

同じ業界で働くナツコの夫はアメリカ人で、子どもを産んでからはずっとフィリピン人の住み込みメイドに家事育児を任せている。彼女がいなくては、子育てしながら激務をこなすなんてとても無理だったという。

生地も仕立てもいい春のニットにバロック真珠のロングネックレスをさりげなくあしら

うあたり、相当の高年収であることがうかがえる。老後の生活には何の憂いもないようだ。役員を退いた後は、かねてからプライベートで理事を務めている非営利団体の活動に力を入れたいという。世界各国の貧しい子どもの教育支援を行う団体だという。

「ナツコは出世頭だからねえ。私たちの自慢の友だちだよね」

大手ゼネコンで総合職として働き続けたハルコは、心のうちで「ちょっとうらやましいなあ」とつぶやいた。課長まで昇進したものの、55歳を過ぎて役職定年となり肩書きがはずれ、給料は2割ほど減った。60歳で定年を迎えて嘱託社員となると、65歳まで雇用は保証されるものの給料は約半分になる。

実は、60歳定年を機にハルコはすっぱり会社を辞めることにした。55歳を過ぎたころから現場プレイヤーに戻り、いろいろと思うところがあった。海外畑が長いハルコは、30代、40代で中国、ベトナムにそれぞれ3年ほど駐在した経験がある。課長職からはずれても、海外経験をもとに現地進出のコーディネーターとして後輩からは頼りにされた。しかし60歳となると、自分が面接をして採用した「元部下」が上司となる。どうもお互いギクシャクしそうだ。ならば海外ビジネスのコンサルタントとして独立できないか、こう考えて数年前から独立準備を進めてきた。大手企業の管理職経験者を中小企業に「顧問」として紹介する仲介会社に登録したところ、アジア進出に力を入れる中小企業数社からぜひ力を貸してほしいと頼まれた。「これで数社は顧客が確保できそうだ」と見込んで、独立を決意したのだ。

独身のハルコは、しっかりと老後資金の計算もした。65歳までいまの会社に継続就業した場合と、60歳で独立して70歳まで働き続けた場合とでは、同じ年収でも後者のほうが70歳時点での貯蓄額は1000万円ほど上回る。「挑戦したほうが、60代が面白くなりそうだと思ったの」と、すっきりした表情で語る。

これを聞いていたアケミは、あっけらかんという。

「私なんか出世しなかったから、かえってよかったかも」

ある企業で係長まで進んだものの、そこから昇進は頭うちとなった。50歳を前に、「専門職コース」か「昇進コース」か選ぶように勤務先からいわれて、迷わず「専門職コース」を選んだ。さらに50代半ばにさしかかったころ、勤め先が中高年社員向けに「社内公募制度」を設けたのをきっかけに、系列会社の介護施設に異動した。親の介護を経験してから、自分もこの分野で何か力になれないかと考えていたのだ。事務職から介護施設への転身は、何から何まで違うことばかりで戸惑いもあったが、いまではすっかり慣れたという。

現在の専門職コースでは、50歳で給与が3割ほど減ったものの、そのまま65歳まで給与水準は変わらず安心して勤められる。あと5年は勤めたあと、この経験を生かしてほかの施設に再就職して元気なうちは働き続けたいという。

「お給料は高くないけど、細く長くって感じかな」

地に足のついた感じのアケミは、落ち着いた声でこう語る。

フユミの場合は40代を迎えるまで、いわゆる「非正規雇用」で働きつづけた。大学を卒業後、派遣社員の身分でSE（システムエンジニア）として働いてきた。バブルのころまで「スーパー派遣社員」などともてはやされ、派遣会社のホームページに登場したこともある。ところがバブルが崩壊したあたりから、仕事が減り始めた。さらに35歳を過ぎたあたりから、仕事が途切れがちになる。「これが派遣社員35歳定年説ってものね」と肌で感じるようになった。

転機になったのは、2011年の東日本大震災だった。いてもたってもいられなくなり、被災地ボランティアとして現地におもむくうちに、地元の支援を続けるNPO法人のスタッフと親しくなった。現地でパソコン教室を開いて再就職支援をしたり、仮設住宅でのインターネット活用の支援をしたりするうちに、現地の常駐スタッフにならないかと誘われる。東北の人の温かな気質にほれこんでいたフユミは、ついに移住を決意した。

ＮＰＯ法人の活動は、ＩＴを核にした雇用創出や生活支援から次第に広がり、自治体がビッグデータを活用するにあたって企業と自治体をつないだり、タブレット端末を使った高齢者見守りの仕組みづくりを手がけたりするようになった。

「必死で勉強しないとついていけないから大変よ」

と笑うものの、どうやら仕事は性に合っているようだ。

ＮＰＯ法人の職員になってから収入は半減したものの、高台で震災をまぬかれた一軒家を借りても家賃は月数万円、生活費は半分以下になったから暮らしぶりに変わりはない。

「老後資金を貯める余裕なんてなかったわよ」

といいながらも、派遣社員時代にコツコツと貯めたお金５００万円を運用しつづけてきた。もともと数字には強いほうで、なんと20年で１０００万円にまで殖やしたという。

地方暮らしを続ければ、老後の生活費は年金で何とかまかなえそうだ。現在勤めるＮＰＯ法人の定年は65歳だが、体が動く限り70歳くらいまで仕事を続けたいという。

「まあ、田舎だから野菜はもらえるし、生活費はかからないし、老後はあまり心配してないよ」と、化粧っ気のない顔でフユミは明るく笑い飛ばす。

これまでの発想では幸せな60代は迎えられない

10年後に60歳を迎える均等法世代の女性4人の未来図――、このうちのふたり、ナツコとハルコは従来の日本型雇用システムにそって60歳まで働き続け、アケミとフユミは従来の仕組みとは少し違う道を歩んできた。すでにお気づきかと思うが、この未来図はかなり楽観的に描いている。ナツコとハルコは、時代の波にうまく乗りながら、少しだけ変化を先取りしてサバイバルをしている。アケミは勤め先の新しい制度をうまく利用してグループ内転職を果たし、非正規だったフユミはＩＴ分野の専門スキルをテコに新たな活躍の場をみつけた。フユミの転身は高い専門スキルを持ちながら時代に合わせて磨きつづけてきたからこそで、もしもこうした専門性がなければ「非正規」の女性たちの老後は厳しいものになるかもしれない。

この物語から分かるように、ひとつの会社で60歳、65歳とイキイキと働き続けたいなら、これまでの終身雇用・年功型賃金のもとで働く発想を切り替える必要があるだろう。仕事のやりがい、そして生きがいに、従来とは少し違ったモノサシを持つ必要があるかもしれない。

専門職コースを早めに選んで、さらに社内公募でキャリアチェンジを果たしたアケミのようなケースは、65歳までの雇用を確保しながらもシニア社員の生産性を上げるために、企業の間に今後広まっていくだろう。働きに対して給料もらい過ぎのシニア社員を65歳まで大量に抱え込む余裕など企業にはない。シニア社員を現場に戻す、また成長分野に異動させるなどして、社内失業者を生まないようにするはずだ。個人としても、発想を切り替えて積極的に手を挙げたほうがチャンスは広がるだろう。

フユミが飛び込んだNPO法人の活動は、ソーシャル・ベンチャー（社会的起業）とも呼ばれている。社会的課題を寄付に頼らず、事業を通じて解決していこうというものだ。若い人の間で人気が高まっている働き方だが、専門性の高い中高年も第二の人生の選択肢として視野に入れてもいいのではないか。

これからは、ハルコやアケミ、フユミのように、ミドル、シニアと呼ばれる年代になっても新たな成長分野に挑戦するような柔軟な発想が必要かもしれない。シニア社員が小さな新事業を個人事業主のようにして手がけるプチ・アントレプレナーとなれば、企業の生産性も上がるはずだ。社外に飛び出して、中小企業やＮＰＯ法人で経験を生かして新事業を手がければ社会全体が活性化する。新しい分野に挑戦しつづけることで、70歳、75歳までイキイキと働く選択肢が得られるかもしれない。

2050年は「40歳定年」の社会になる？

「40歳定年制」を導入してはどうか――、２０１２年夏に政府の国家戦略会議フロンティア分科会の報告書で、２０５０年に日本が目指すべき施策のひとつとして、こんな提言が出されて話題を呼んだ。部会長を務めた東京大学の柳川範之教授は、これまでの日本型雇用制度のまま65歳までの雇用を義務づけては、人件費が膨らみ活躍できない人材を抱え込むばかりで企業はもたない。入社後から40歳まで、それから60歳まで、さらに75歳までと、ほぼ20年を一区切りとしてスキル再構築を促して人材の流動化をはかり、75歳まで働けるような社会にすべきだと主張した。

これに対して「暴論だ」といった反論が巻き起こった。とくに労働法の専門家からは「定年とは年齢によりいっせいに解雇すること。わかっていない」という意見が出された。

ここまで議論がわきおこったのは、従来の雇用システムのもと、65歳までの雇用延長を義務づけてもうまくいかないと、皆うすうす感じていたからだろう。社内で居場所がなくなりつつあると感じていたある50代社員は「リストラの年齢が早まるのか」とギクリとしたという。また経営者からは「65歳までの雇用を義務づけられると人件費がふくらみ、経営にとって大きな打撃となる。40歳定年は合理的」という声も聞かれた。

たしかに「75歳まで働ける社会にすべき、これまでの日本型雇用の仕組みでは対応できない」という主張にはうなずける。しかし、そのために「40歳定年」といった荒唐無稽な策を打ち出すまでもなく、やるべきことはあるはずだ。

欧米をみると、一定年齢でいっせいに社員をやめさせる定年制度は「年齢差別」だとする国もある。アメリカでは年齢差別禁止法で40歳以上の定年は禁止されている。欧州でも年齢差別を禁止する法整備が進んでいる。

では、日本ではどうか。

「定年は年齢差別だ」という考え方がにわかに受け入れられるとは思えないから、日本型雇用を微調整しながら、65歳までの雇用を可能にしていくのだろう。今後年金の支給開始年齢が65歳以降になれば、無収入の期間をつくらないために継続雇用を義務付ける年齢はさらに引き上げられるはずだ。

2013年春に施行された改正高年齢者雇用安定法で企業が求められるのは、

（1）定年そのものを撤廃する

（2）定年を65歳とする

（3）65歳までの継続就業を可能にする

の3つの選択肢である。

企業はそのなかで人件費の負担増をにらみつつ、シニア人材を生かして生産性を上げるにはどんな道がいいかと探っている。（1）の定年撤廃はめずらしいケースだが、（2）の65歳までの定年延長は、サントリーやオリックスなどの大手企業がすでに導入を決めている。もっとも多いのは（3）の「65歳までの継続就業」である。

いずれにしても、65歳までの雇用を実現するために、企業としては賃金体系や昇進・昇格の仕組みを見直さざるを得ない。「定年」のあり方を考えることは、日本の雇用システムそのものを見直すことにつながる。シニア社員が活躍できる環境をつくるためにまず必要なのは「40歳定年」ではなく、年功型賃金の見直しだろう。

年齢とともに給料が上がる年功型賃金では、若いころは給料に比べて「働きすぎ」、中高年は働きに対して「給料もらいすぎ」といわれてきた。ミドル社員は教育費や住宅ローンの負担が最も重い時期のため、こうした「生活給」を含めて高めの給料となる年功型賃金カーブになっていたのだ。

企業にとっては中高年の賃金負担は重い。

バブル経済が崩壊してから、業績悪化により年功型賃金を支えきれなくなった企業は、中高年社員の賃金引き下げを進めてきた。成果主義の導入や定期昇給の見直しなどで、40代に入ると給料が上がらない仕組みを賃金体系に盛り込んできたのだ。さらに65歳までの継続就業の義務化により人件費が膨らむと見込んで、ミドル社員の賃金を一段と引き下げる動きも出てきていた。

これからは年功型賃金がさらに崩れて、年齢とともに上がる賃金カーブがますますフラットになるだろう。これは超高齢化社会を迎えるなか、みなが安心して長く働きつづけるためには避けられない変化である。

給料が下がるのに、安心できるとはどういうことか。

労働政策研究・研修機構統括研究員の濱口桂一郎氏は日本企業の定年制度を「排出機構」と呼ぶが、このキーワードで考えるとわかりやすい。濱口氏は日本型雇用システムにおける定年の意味をこう説いている。

「年功序列的な賃金上昇と昇進の仕組みの中で、能力と地位と賃金の不整合が拡大していき、定年という年齢に基づく〝排出機構〟によって何とかそれを解決してきたというのが実情である」(『エコノミスト』２０１３年10月14日号)

つまり、中高年社員の「能力」「地位」と「賃金」とのバランスがとれているなら、なにも定年によって「強制排出」する必要はない。給料「もらいすぎ」が解消されれば、安心して長く働けることになる。

とはいえ、家計にとっては大変だ。既婚者なら夫婦共働きを前提に生活設計をする必要があるだろう。おひとりさまなら、より長く働く選択肢を考えたい。社会全体の設計を見直す必要もある。企業の年功型賃金に組み込んでいた生活給をなくしていくなら教育費や住宅費の個人負担を軽くする仕組みが求められる。

ところで年功型賃金とは、専業主婦を持つ男性が扶養家族を支えることを想定して設計されたものだ。年功型賃金を見直すことは、「男性型モデル」からの脱却ともいえる。年齢とともに昇進・昇給していくという（幻の）人参をぶら下げられて、転勤も長時間労働もいとわず60歳というゴールを目指す――、そんな働き方に別れを告げることになる。

定年前後の社員が力を発揮する仕組みをつくることは、雇用のあり方そのものを見直すことであり、シニア社員も女性も若者も、また子育てや介護を担う社員も働きやすい環境をつくることにつながるはずだ。

こうした大きな変化のなかで「定年」のあり方、そして定年前後の働き方が見直されていくだろう。

おわりに

定年を迎えるまで、キャリアの最終コーナーをいかに走り抜ければいいのか。

定年を迎えるとどんな景色になるのか。

ささやかな問題意識から始めた「定年」をめぐる探究の旅は、思いのほか広く、深い領域へと広がっていった。当初はキャリアとライフそしてマネーという3つの要素を、定年を迎えるにあたりいかにデザインするかを探りたいと考えていた。ところが、先輩方の経験に耳を傾けるなかで、その3要素では語り切れないことがわかってきた。

「定年」をいかに迎えるかは、中年期そして現役引退期のアイデンティティの危機・再構築にかかわる心の問題でもあり、ときに母娘の関係にも深くかかわり、日本企業の雇用システムや社会保障制度、住宅政策の見直しとも密接にかかわる。

そこで「定年を迎えた先輩たち」の体験談を、こうした大きなテーマのなかで位置づけようと試みた。力不足で不十分な点も多々あるが、先輩方の率直な語りのなかから、たくさんのヒントを得たように思う。

取材を始めてまもなく気づいたことがある。それは定年の前後10年ほどは「変わる勇気」「捨てる勇気」が必要だということだ。会社や社会から求められるものが変わるのに、過去の成功体験にしがみついていては、前に進めない。それまでの「延長線上」で定年後の仕事や生活を考えると、どうもうまくいかないようだ。肩書きなど羽織っていたものをいったんすっぱり捨てて、新しい道を模索しながら進んだ人のほうが、晴れやかな顔をしているように感じた。もちろん無駄な経験などひとつもないから、定年後にどんな道を歩き始めても、現役時代の経験や人とのつながりはジワジワときいてくる。「延長線上」という発想からいかに抜け出すかが大切なようだ。

本書に登場してもらった先輩方の大半は団塊の世代か、それ以上のいわゆる「逃げ切り世代」である。年金は60歳から支給され、日本の年功型賃金のもとでキャリアの大半を終えた人が多い。これに対して、これから定年を迎える世代、とりわけ40代、50代は「逃げ切れない世代」ともいわれている。入社以来右肩上がりの昇給・昇進を信じて仕事をしてきたものの、ミドルにさしかかったあたりから給与カーブが変わり始め、右肩上がりの「暗黙の了解」を反故《ほご》にされた世代だ。逃げ切り世代と、逃げ切れない世代では、定年をめぐる景色もまた変わってくるだろう。

本書に登場する先輩方のなかには、60歳で定年を迎えたときの心境として「達成感を味わった」と語る人が少なくなかった。しかしこれからは「60歳ゴール」が先に延びてあいまいになり、そうした達成感を味わうことがむずかしくなるかもしれない。逃げ切れない世代は、自分なりに「定年」前後のゴールを設計し直す必要があるだろう。

とはいえ大切なこと、本質的なことは、世代が違えど変わりはない。たくさんの先輩方から珠玉の言葉をいただいたことに、深くお礼を申し上げたい。定年が視野に入ってきた女性たちと、先輩たちのメッセージを共有できたらうれしく思う。

なお本書の問題意識は、これまで在籍した編集部での取材を通して得られたものも多く、ともに議論をした同僚に感謝をささげたい。また執筆に伴走してくれたＷＡＶＥ出版編集部小田明美さん、細矢真奈美さんにも心からお礼を申し上げたい。

野村 浩子（のむら・ひろこ）
1962年生まれ。84年お茶の水女子大学文教育学部卒業。「日経 WOMAN」編集長、日本経済新聞編集委員を経て「日経マネー」編集部に。「日経 WOMAN」編集部時代には「ウーマン・オブ・ザ・イヤー」を立ち上げ、これからの女性たちを輩出する賞として毎年注目を集めることとなる。内閣府国民生活審議会委員なども務め、2014年より淑徳大学教授。著書に『働く女性の24時間』（日本経済新聞出版社刊）がある。

定年が見えてきた女性たちへ
自由に生きる「リ・スタート力」のヒント

2014年5月29日 第1版第1刷発行

著　者　　野村浩子
発行者　　玉越直人
発行所　　WAVE出版
〒102-0074　東京都千代田区九段南4-7-15
TEL 03-3261-3713　　FAX 03-3261-3823
振替 00100-7-366376　E-mail: info@wave-publishers.co.jp
http://www.wave-publishers.co.jp

印刷・製本　　萩原印刷株式会社

ISBN978-4-87290-651-6
NDC916 190p 19cm

50歳ファッション黄金セオリー
さようなら、おしゃれメランコリー

地曳いく子著

何を着ても似合わない！
鏡を見るのもウツウツする

ベテランスタイリストが教える今をなんとかできて、着るものに迷わずに困らないとっておきの方法とは？

定価（本体1400円＋税）
978-4-87290-671-4

おちゃめな老後

田村セツコ著

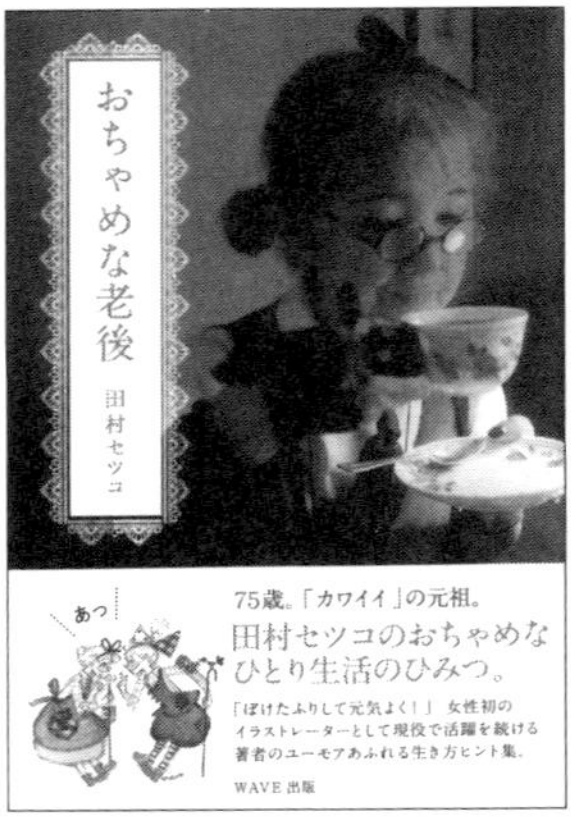

75歳。「カワイイ」の元祖

妹と母のダブル介護も明るく乗り越え、女性初のイラストレーターとして、現役で大活躍を続ける著者による、ユーモアあふれる生き方のヒント！

定価（本体1400円＋税）
978-4-87290-645-5